SAMSARAH
INTERNATIONAL

COLLECTION NIRVANA

ILLUSTRATION DE LA PAGE COUVERTURE : **MANU VISION**
CONCEPTION DE LA PAGE COUVERTURE : **MAHEU ARBOUR**
MISE EN PAGE : **MARC BÉRIAULT**
CORRECTIONS : **FRANCINE MALO**

À PROPOS DES PHOTOS

LA PLUPART DES PHOTOS ONT ÉTÉ PRISES PAR MARIE ÉTIENNE BESSETTE, LE 6 SEPTEMBRE 1996, AU CIMETIÈRE CÔTE-DES-NEIGES À MONTRÉAL, QUÉBEC, CANADA.

L'AU-D'ICI VAUT BIEN

L'AU-DELÀ

La Voie initiatique du Passage de la Mort à la Vie consciente

par

Sarah Diane Pomerleau

SAMSARAH INTERNATIONAL INC.

Samsarah International Inc.
C.P. 312, St-Jean-sur-Richelieu (Québec) Canada J3B 6Z5
Tél. : (514) 358-5530   Fax : (514) 359-1165

DU MÊME AUTEUR, À PARAÎTRE :
Le Livre des Morts Occidental, rituels du Passage pour le XXIe siècle
(suite de *L'Au-d'ici vaut bien l'Au-delà*)

Prochaines publications de Samsarah International Inc. :

Les Âmes-soeurs, une propulsion vers l'Amour inconditionnel,
Sylvie Petitpas (thérapeute et directrice en communications),
octobre 1996

Les Énergies Runiques, une nouvelle vision des Runes,
Joe Ann Van Gelder (radiesthésiste américaine), 1997

DÉPÔT LÉGAL 3^E TRIMESTRE 1996
Bibliothèque nationale du Québec
Bibliothèque nationale du Canada
Bibliothèque nationale de Paris
Library of Congress, Washington D.C.

ISBN : 2-921861-03-8

Imprimé au Canada

REMERCIEMENTS

à l'âme d'Adrien mon père

qui m'a aidée à exorciser la Mort et aller Au-delà de la Vie

à l'âme de Rita ma mère

qui a transmis à mes cellules l'Essence de Guérisseuse

à mon âme

qui m'a aidée à retrouver le Chemin

à l'âme de Manu mon fils

qui m'a aidée maintes fois à choisir de rester Ici-bas

aux Maîtres du Passage

qui ont préparé la Voie et m'ont assistée jusqu'à l'accouchement*

à tous ceux et celles

qui ont collaboré à la manifestation de ce livre

* En espagnol, accoucher se dit « dar a luz »
qui signifie littéralement « donner à la lumière »

*Le **Nirvana** est l'état de délivrance ou d'Illumination qui libère l'humain de la souffrance, de la mort et de la renaissance ainsi que de toutes les formes d'enchaînements terrestres. Le Nirvana est l'état de Conscience illimitée, suprême et transcendant. Il est l'expérience de Fusion avec l'Absolu, la félicité découlant de la prise de conscience de sa propre identité. Le Nirvana est le Passage à un autre état, à une autre condition d'existence. Il est le lieu de l'Immortalité, accessible par l'expérience mystique. Le Nirvana est le Non-Néant. Il est l'état dans lequel vit un humain ayant réalisé la connaissance de son propre esprit, la Vraie Nature de lui-même.*(Dictionnaire de la sagesse orientale , Robert Laffont, 1986)

*La **collection Nirvana** regroupe des ouvrages qui incitent les individus à reconnaître leur identité, à éveiller leur véritable essence, à retrouver la Voie de l'Autonomie et de la Liberté, et ainsi à se libérer de la roue du Samsara, la roue des réincarnations.*

TABLE DES MATIÈRES

PASSAGE 5   DE THÉRAPEUTE À TERRE-APÔTRE

DÉDICACE À RAPHAËL

Je viens d'écrire la deuxième partie de ce livre dans le calme et la paix d'une maison magnifique qui m'est prêtée durant le mois de juillet 1996. La vie s'active en moi et autour de moi. Les oiseaux chantent de joie. Ce matin, j'ai reçu la visite d'une souris sur le balcon, de deux chats dans le jardin, de trois grenouilles dans la piscine et de quatre chevaux dans le pré voisin. Les arbres majestueux protègent et enveloppent la maison. Le Mont-Saint-Grégoire surveille le tout du haut de sa grande bonté. Le bois naturel des planchers et des murs aide à la respiration créatrice et plaît à mon âme. Cette maison a aussi abrité un ange qui fut de passage pendant un trop court temps sur Terre. L'âme de Raphaël nous a quittés l'an dernier pour aller jouer son violon dans le choeur céleste en attendant son prochain rendez-vous quelque part dans l'univers. C'est avec gratitude et reconnaissance que je dédie à son âme les mots qui suivent. Les mots ne sont que des mots, mais leur vibration se cache entre les lignes.

Dans le choeur de la cathédrale rose pêche, Ahimsa fait vibrer le violoncelle. Intérieurement, ses larmes roulent sur le bois verni de l'instrument pour libérer sa peine et de douces mémoires. À ses côtés, Sathya laisse glisser son amour sur les notes du piano. Elles accompagnent l'âme de leur frère qui s'est élevée soudainement.

Je ferme les yeux et je me laisse pénétrer par la musique dont le titre même est évocateur : The Swan. Il m'est donné une vision pleine de lumière : je vois un être lumineux, les mains ouvertes, accueillir Raphaël dans toute la splendeur de ses 17 ans. Il semble connaître les lieux. Avec naturel, il prend place à sa gauche; un sourire radieux illumine son visage. Cette vision est un instant de Pure Joie, le premier depuis son départ. J'ouvre les yeux et j'observe une lumière dorée qui couvre la voûte et les arches du sanctuaire. Je les ferme de nouveau et une seconde vision m'est donnée : on a revêtu Raphaël d'une tunique blanche et de petites ailes ont commencé à pousser dans son dos. Je le vois rigoler, comme seul il sait le faire, en constatant que ses bottes d'escalade ne se sont pas encore transformées en pieds de lumière.

La lumière or est encore plus intense; elle tisse un nuage d'amour qui enveloppe toute l'assistance. Devant moi, un père et une mère s'enlacent et se soutiennent. Je prends conscience du détachement serein qui les habite, un détachement aussi intense que l'est leur amour pour cette âme qui leur fut prêtée pendant son court passage terrestre.

À travers la douleur, une paix profonde s'est frayé un chemin et a décidé de prendre asile en eux. Cette paix inconditionnelle qui émane d'eux devient source d'inspiration pour tous les parents en cet instant éternel. Elle leur parle d'amour au quotidien, d'amour sans conditions, d'amour présent dans chaque moment de la vie sur Terre. Elle leur parle de l'importance des gestes et des regards d'amour posés sur nos enfants, peu importe la couleur de leurs cheveux, de leur peau ou de leurs vêtements. Elle leur montre comment le non-amour, trop souvent, s'est installé dans les familles, les écoles, la vie et qu'il est urgent de le remplacer par l'amour essentiel.

- Raphaël, à sa façon, est parti à l'étranger, nous partage le père. En marchant ce matin, j'ai médité sur le mot étranger. Dans ce mot, il y a le mot étrange et dans le mot étrange il y a les mots Être Ange. Je me suis réjouis en pensant que Raphaël est parti Être Ange.

Pendant que ses paroles coulent en moi comme le sable d'or dans le sablier, je saisis au vol un geste furtif de la mère qui projette sa main de lumière vers l'enveloppe physique dans laquelle s'est véhiculé Raphaël. Dans l'Au-delà, une place a été préparée pour chacun de nous. La Bonne Nouvelle, c'est que l'Au-delà est au-dedans de nous. Nous y avons toujours accès; il suffit d'ouvrir la Porte du Coeur et de traverser le Jardin de l'Amour pour s'y rendre.

Hier midi, au milieu du verger, au Jardin des Pommiers, dans la section où les arbres sont malades, j'ai remarqué une lumière bleu pâle. C'était une forme ovale, très grande et très large qui se tenait dans l'allée et enveloppait les bras des arbres. Mon coeur s'est rempli d'Amour. Je me suis demandé si cette lumière bleue était celle de Raphaël...

IL Y A QUATRE MILLIARDS ET DEMI D'ANNÉES, DANS LA PÉRIPHÉRIE D'UNE GALAXIE BANALE, PARMI DES MILLIARDS D'AUTRES, UNE HUMBLE ÉTOILE SE DÉTACHA DE SON NUAGE MÈRE, ACCOMPAGNÉE DE SON CORTÈGE PLANÉTAIRE. SUR L'UNE DE CES PLANÈTES, À PARTIR DE CES ATOMES CÉLESTES, S'ÉDIFIÈRENT LA VIE ET LA CONSCIENCE, ESSENCES PRÉCIEUSES DE L'UNIVERS. ET C'EST SUR CETTE PLANÈTE, LA TERRE, QUE LE XXE SIÈCLE A VU S'ÉPANOUIR UNE TOUTE NOUVELLE VISION DE NOTRE COSMOS[*].

AVANT-PROPOS

Pour les Égyptiens, l'existence après la mort était d'abord et avant tout une série de transformations. Le Livre des Morts est principalement concerné par l'Après-Vie. Le concept égyptien de la période entre la mort et la transformation dans le monde suivant ressemble à leur concept du rêve, durant lequel l'individu est éveillé tout en étant endormi. Dans Le Livre des Morts, le décédé arrive au moment central et critique du Passage de ce monde à l'Autre Monde : la pesée du coeur[**].

'AU-D'ICI VAUT BIEN L'AU-DELÀ, la voie initiatique du Passage de la mort à la Vie Consciente, arrive à point en cette fin de siècle et de millénaire. La Terre est à vivre un Passage crucial. Les choix ne sont plus en zone grise. Les choix sont blancs ou noirs. La Terre doit choisir entre l'Ombre et la Lumière, la Vie et

---

[*]   Tiré de *GEO, Un nouveau monde : La Terre*, No. 209, juillet 1996. Extrait de «Les savants sont obligés de repenser l'Univers».

[**]   Citation tirée du *Livre des Morts* égyptien. Toutes les citations en début de chapitre ont été extraites et traduites en français de *« The Egyptian Book of The Dead »* (The complete Papyrus of Ani, Royal Scribe or the Divine Offerings, 3500 years B.C., 37 Plates, Chronicle Books, San Francisco, 1994).

11

la Mort, l'Amour et la Peur, l'Ignorance et la Conscience, la Dépression et la Joie. Il est urgent pour les êtres de cette planète de faire leurs propres choix pour aider la Terre à vivre cette transition majeure. Étant donné les bouleversements de notre époque, plusieurs seront amenés à faire le Passage, par choix ou non. Il est impérieux que des êtres se préparent au Passage et que d'autres soient formés à guider les âmes des vivants dans le Passage.

Bien avant nous, les Égyptiens, les Mayas, les Tibétains, les Amérindiens et les Aborigènes australiens, entre autres, pratiquaient l'Exploration du Passage vers l'Après-Vie. Les Livres des Morts, Égyptien et Tibétain, en témoignent. Les méthodes étaient diverses, le but était le même : se préparer au Passage en expérimentant, de façon initiatique, les étapes de l'Au-delà dont le nombre variait selon les civilisations et les cultures. Peu importent nos allégeances, nos croyances ou l'histoire de notre âme, nous sommes tous confrontés à la réalité commune de la Mort. Si nous le choisissons, il est possible d'éveiller nos mémoires endormies et de redécouvrir le savoir-faire de notre âme qui nous guidera dans le Passage qu'elle a emprunté plusieurs fois.

L'Exploration du Passage de la mort à la Vie Consciente est une voie thérapeutique et spirituelle qui aide l'âme à re-choisir sa présente incarnation et sa mission sur Terre. Elle permet à ceux ou celles qui le choisissent de développer leurs capacités de canalisation en direct et de démystifier la médiumnité et l'ascension. Elle aide l'individu à se préparer au Passage en se libérant de ses attachements et de ses ressentiments, en apprivoisant la Mort, en transmutant ses peurs. Elle l'amène à découvrir et expérimenter l'Au-delà qui est au-dedans de soi et à rencontrer les Maîtres du Passage.

Elle favorise l'émergence du Passeur de Terre, sage-homme ou sage-femme du Passage, à l'intérieur de chacun de nous. L'Exploration du Passage de la mort à la Vie Consciente est une Voie de Guérison pour les humains et pour la Terre. Lorsque les êtres se préparent au Passage de leur vivant, ils amènent la Lumière, l'Amour et la Joie sur Terre. Bien loin d'inviter à fuir sa vie et son incarnation, le Passage de la mort à la Vie Consciente amène à un engagement planétaire universel. La Terre a besoin de mystiques enracinés pour marier la spiritualité et la matière sur Terre, pour marier l'Au-d'ici et l'Au-delà!

PASSAGE 1

« BIENVENUE SUR TERRE! »

COMME PLUSIEURS AUTRES, JE SUIS UNE VASTE ET VIEILLE ÂME QUI A RECHOISI DE REVENIR ENCORE UNE FOIS SUR TERRE, EN CETTE FIN DE SIÈCLE ET DE MILLÉNAIRE OÙ LES CHOIX SONT SANS COMPROMIS. JE SUIS REVENUE MOI AUSSI POUR ME GUÉRIR, RETROUVER LE CHEMIN, LA VOIE DU PASSAGE VERS L'AU-DELÀ ET ACCOMPAGNER D'AUTRES ÂMES À LE FAIRE. VOICI MON HISTOIRE...

NOTES AU LECTEUR :

- *Le pronom JE, narrateur des 22 premiers chapitres, est le porte-parole de l'âme.*

- *Le pronom ELLE est le représentant de l'ego et du corps-véhicule de l'auteur.*

- *Les noms de certaines personnes ont été changés afin de respecter leur vie privée ou publique.*

La descente de l'âme

*Car tu es Celui qui a fait l'Éternité. Ô toi tu es plus
divin que les dieux. Sois loué, toi car tu t'élèves dans
l'or et illumines les Deux Terres en plein jour à ta
naissance*[*].

Je m'éloigne lentement de la Lumière. Bientôt je ne distingue
plus que de vagues silhouettes telles des flammes de
couleurs. J'oublie peu à peu pourquoi je dois me séparer de
ce Soleil vibrant si chaud, si aimant, si plein de Joie Pure et
de Lumière... Je ne vois presque plus le Soleil d'où jaillissent des
flammes. Le froid de l'espace infini m'entoure. Je flotte dans la
noirceur parsemée de-ci de-là de taches d'étoiles. Il me semble
amorcer un mouvement de descente doucement puis plus rapidement.
Je traverse des paliers de moins en moins subtils, de plus en plus
denses. Au passage je reconnais des êtres de lumière, des guides, des
maîtres, des amis galactiques, au milieu de paysages fabuleux.

Soudain je pénètre dans une couche gluante, grouillante d'êtres bizarres qui hurlent ou rient de façon hystérique. J'entends des cris, des
lamentations, des plaintes. Je sens une lourdeur comme si on venait
de me revêtir d'un lourd manteau opaque. Ma descente s'accélère à
travers un autre plan rigide, compartimenté, constitué de labyrinthes
qui s'imbriquent les uns dans les autres. Je m'alourdis et chute encore
plus vite dans une masse gélatineuse, excessive de contradictions, de
dualités, d'illusions. Je suis parachutée maintenant dans un espace si
dense qu'il ralentit ma chute et m'immobilise au-dessus d'un paysage
presque familier. J'identifie des formes nommées arbres, maisons,
automobiles, animaux, personnes.

Tout à coup, je suis littéralement aspirée à travers le toit d'une de ces
formes. Je me retrouve à l'étroit, coincée entre les murs d'une petite
pièce nommée chambre. Je me sens si vaste et l'espace dense est si
étroit!

---

[*] *Livre des Morts*, op. cit.

- J'étouffe! Je veux m'enfuir!

Impossible! Je me souviens du Soleil vibrant, des êtres de flammes.

- Trop tard! Tu as accepté! Tu as dit OUI encore une fois! Bienvenue sur Terre! dit une voix lointaine.

Dans un coin de cette chambre, deux êtres, un homme et une femme, reposent sur un lit. Ils échangent, ils se parlent.

- Je t'aime mon amour, dit l'homme avec tendresse.

- Moi aussi je t'aime. J'ai tellement hâte d'avoir un enfant de toi, répond la femme en murmurant.

Leurs mains caressent leurs corps nus qui s'agitent, s'unissent et se fondent l'un dans l'autre. Des vagues émanent de leur union. Ces ondes vibratoires circulent à travers moi et me remplissent complètement. Je suis submergée, de manière inattendue, par la même Chaleur aimante, la Joie Pure et la Lumière que je connais si bien. Je me laisse bercer par ces ondes d'Amour. Ma nostalgie s'efface quelque temps. J'oublie ma prison. Je me nourris de cet amour. Il doit s'écouler du temps terrestre, car j'observe l'abdomen de cette femme se gonfler jusqu'à devenir tout rond. J'éprouve un amour incommensurable pour ces deux êtres. Je les enveloppe et les berce le jour, la nuit. Je suis plus souvent auprès d'elle car je la sais vulnérable, inquiète. Je sèche ses larmes, je la console, je la rassure.

- Ne t'en fais pas, tout ira bien... lui dis-je souvent.

Les humains de la Terre ont une bien étrange façon de préparer les véhicules des âmes. Le développement du véhicule se fait dans un oeuf qui grossit à l'intérieur d'une caverne aquatique. Il grossit tant et si bien qu'il bouscule tout dans le corps de celle qu'ils nomment la mère porteuse. L'oeuf semble endormi, mais son cerveau ressent et enregistre tout : les états de la mère, les mouvements extérieurs, l'environnement. C'est dans ce véhicule en gestation, trop gros pour le corps de la mère, trop petit pour moi, que je dois m'intégrer. La danse des aller-retour va bientôt commencer. Je le sais.

- C'est l'heure. Bienvenue sur Terre!

Je flotte dans l'océan de la caverne. J'ai un cordon au milieu du ventre qui me relie aux parois. Bien qu'étant plus petit que la chambre, ce petit véhicule est plus lumineux. J'entre et je sors du véhicule à volonté. J'expérimente de nouveau l'incarnation.

Une nuit, alors que je me fonds dans les vibrations du sommeil paisible de la caverne, d'étranges secousses parviennent à moi et me tirent de la béatitude. Elles sont bientôt suivies de fortes pressions qui m'écrasent à intervalles fixes. La Terre tremble de partout. J'entends des voix affolées, des claquements de portes.

- Taxi! Vite à l'hôpital!

Je décide de demeurer dans mon véhicule pour expérimenter. Les pressions se font plus fortes et plus rapprochées. Le temps terrestre est indéfinissable. Un grand raz-de-marée me chavire et me bascule à contre-sens. Mon crâne est aspiré vers le bas. Le couloir est étroit et me serre comme un étau. Mon épiderme commence à brûler. J'entends de nouvelles voix qui donnent des ordres.

- Vite docteur! Venez vite! La tête est coincée!

Une odeur inconnue arrive à moi et commence à m'engourdir. Je ressens et j'entends de moins en moins. Vite, je quitte le véhicule et m'étire dans une grande salle trop éclairée, trop métallisée. Des humains vêtus de blanc s'agitent autour d'une table étroite. Ils ont placé, sur le visage de la mère accoucheuse, un masque relié à une bonbonne.

- Garde, dépêchez-vous!

Elle dort. Un homme s'approche de son bassin. Il porte d'immenses pinces arrondies en métal vif argent. Son visage grassouillet suinte de perles de sueur. Ses mains tremblent un peu. Les pinces pénètrent le tunnel étroit et se forcent un passage. Les mâchoires des pinces s'ouvrent et mordent le crâne du véhicule. Les pinces de métal gris froid tirent le crâne et l'amènent à la sortie du tunnel. Le corps et les membres glissent et éclaboussent d'eau et de sang l'homme en blanc.

- Ça y est! Elle est sortie! dit-il, soulagé.

La douleur de l'étau, le feu aveuglant des lumières, les brûlures de l'épiderme, ramènent à la «vie» le véhicule endormi. Le cordon vivant est rapidement tranché et noué sur sa déchirure. Un doigt de géant défonce la gorge et libère le mucus.

Un cri puissant, vieux comme l'humanité, émerge de la bouche et de la gorge du petit être :

- Ah... h... h...

- Bienvenue sur Terre! répète la voix de plus en plus lointaine.

LE RITUEL DE L'EAU

Je suis né du Ciel, je suis en présence des Grands Dieux[*].

L a petite fille dort profondément. Ses cheveux blonds et soyeux collent à ses joues et sa nuque, humides de chaleur. Peu d'air entre dans cette chambre au milieu du mois de juillet. La nuit, je quitte son corps. Je veille sur elle. Je souffle à son oreille des mots, des images.

- Je te propose un jeu. Je sais que tu ne l'oublieras pas demain.

Je la regarde sourire.

Il est 10 h 00 du matin. Il fait déjà très chaud. L'air est lourd de canicules. Sa mère tresse ses cheveux.

- C'est trop serré, ça me tire, se plaint-elle à sa mère qui ne semble pas l'entendre.

Elle se dirige vers sa commode et revêt un maillot de bain satiné, de couleur bleu nuit azuré, pour la circonstance. Elle prend sa doudou préférée, une petite couverture carrée faite de pièces de tissus réunis en mosaïque. Elle descend les deux étages de l'escalier du côté cour arrière. Elle installe la couverture au milieu de la cour, en plein soleil. Puis elle remonte à plusieurs reprises au deuxième pour aller chercher des grandes bouteilles de boissons gazeuses vides, qu'elle remplit d'eau. Elle les redescend l'une à la fois, prudemment, et vient les placer sur le rebord de la couverture, bien alignées.

Elle les laisse ainsi macérer au soleil plusieurs heures, s'imprégner de chaleur et de lumière. Certaines sont vertes, d'autres transparentes. La lumière s'emmagasine progressivement dans le verre et devient étincelante. Au milieu de l'après-midi, après la sieste, elle revient se placer au centre de la couverture et elle boit l'eau de chacun des contenants. Son corps se remplit de Lumière, de Chaleur aimante et

---

*   *Livre des Morts*, op. cit.

de Pure Joie. Je m'y glisse avec bonheur. Je baigne dans mon véhicule enfant lumineux. J'éprouve une gratitude incroyable de contacter ainsi mon essence à travers elle. Nous faisons UN.

Je me faufile dans tous ses soleils d'énergie qui sont à s'ouvrir à la vie, à se former, à recevoir et émettre la Lumière, tels des boutons de rose qui se préparent à éclore. Je m'adapte à l'une de mes formes les plus denses : le corps d'un enfant terrestre.

Le corps de l'enfant grandit. Je découvre à travers lui des moments de paix et de joie intenses mais aussi des périodes de bouleversements qui m'obligent à en sortir pour un certain temps.

- Votre fille fait 102° Fahrenheit de fièvre, madame, et la varicelle est contagieuse en ce moment. Il faudra l'isoler quelques semaines, conclut le médecin de passage à la maison, après un bref examen.

La chaleur irradie autour de mon véhicule, à faire fondre un igloo en plein mois de janvier. Dehors, il gèle à pierre fendre et la fenêtre de sa chambre est toute givrée d'arabesques que le soleil perce de ses rayons arc-en-ciel. Je me permets de souffler une demande à l'enfant qui ne tarde à la transmettre à sa mère.

- Maman, place tes mains sur moi et arrête la chaleur, balbutie-t-elle à travers les poussées de fièvre.

La mère au coeur d'amour s'approche sans hésiter. Elle dépose ses belles mains sculptées par la vie paysanne, la vie rude du terroir, sur le petit corps tremblant. Elle attend et elle prie. Elle est touchée par la confiance et la foi de cette petite qui la surprend souvent par ses propos, ses interrogations, ses exclamations.

Elle sent un courant d'énergie qui passe de son coeur à ses mains et se répand dans la petite enveloppe qui boit l'énergie à grandes coulées. Un transfert se fait naturellement. La mère reçoit une grande chaleur et l'enfant accueille un vent de fraîcheur qui calme ses tornades intérieures. La Paix s'installe en douceur. L'enfant s'endort sous le regard rempli d'eau salée d'une maman terrestre débordante d'amour inconditionnel.

Le couvent épileptique

Ô vous qui apportez, vous qui courez, vous qui êtes
dans la Loge du Grand Dieu, laissez mon âme venir
à moi, où qu'elle soit[*].

es religieuses avancent à pas feutrés sur le carrelage de céramique froide qui recouvre l'allée centrale de la chapelle. Elles chantent en choeur «Gloria! In Excelsis Deo!»

La couventine, que j'habite de moins en moins, semble perdue au milieu de ses acolytes agenouillées sur les balustrades à l'arrière de la chapelle. Ses genoux s'esquintent sur le bois dur mal verni, ce qui ne la distraie guère des longues heures passées en classe, assise immobile sur des bancs tout aussi inconfortables. Immobile et silencieuse, par peur d'être remarquée, rejetée, punie, bannie, comme d'autres de mes véhicules l'ont été dans maintes vies.

Dans la chapelle, l'espace est plus vaste et je me réjouis de pouvoir largement m'y déployer. Cependant, nulle part je n'y retrouve la Chaleur aimante. J'ai beau chercher partout, dans les coeurs, dans la petite boîte à l'avant où elles disent cacher Dieu, je ne trouve pas la Lumière. Je rentre dans le corps de la couventine pour vérifier. Son cerveau est anesthésié. Son corps est paralysé, de plus en plus dense, tel un cube de béton vide à l'intérieur. Son coeur est un profond lac de tristesse. Ses yeux hagards cherchent en vain la Joie Pure. Ses soleils d'énergie se sont refermés sur eux-mêmes. Une carapace est à s'édifier, une tour de protection à se construire.

J'entends de très loin, au plus profond de son être, gronder les remous d'une rivière tumultueuse. Au-delà des murs et des barrages qu'elle s'est construits, un cours d'eau d'une puissance incommensurable, dont la source se trouve à la base de la colonne vertébrale, s'apprête à tout faire sauter. Elle ne m'entend presque plus. J'essaie en vain de la prévenir :

---

[*]   *Livre des Morts*, op. cit.

- Un raz-de-marée de révolte et de colère te fera basculer de l'autre côté des choses de la Terre.

Elle a neuf ans. En quatre années, on a réussi à lui faire croire qu'elle est limitée, soumise au châtiment et au jugement par un Dieu punitif, au contrôle du Jéhovah de l'Ancien Testament.

- Tu n'es qu'une orgueilleuse. Dieu te punira, menace la religieuse du haut de son estrade.

Une nuit, qui changera à jamais toutes les autres, s'empare de toutes les pièces de la maison de campagne où sommeille, dans l'inconscient, l'enfant que je ne peux plus habiter. J'enveloppe la maison entière, les parents, les deux jeunes soeurs. Les secousses sismiques s'éveillent.

- Ma... man... crie-t-elle.

La mère, alertée, se lève en sursaut. Elle court jusqu'à la chambre de l'enfant. Le corps est au sol, contorsionné de soubresauts incontrôlables. Les yeux sont révulsés. Du liquide blanchâtre coule de la bouche. La mère affolée traîne l'enfant par les pieds jusqu'à la salle de bains. Elle remplit la baignoire d'eau froide.

- Oh mon Dieu! s'exclame-t-elle, désemparée.

Dans le cerveau de la mère, un cinéma se met en action. La panique s'empare d'elle. Elle plonge le corps de l'enfant dans l'eau froide. Les secousses s'affaiblissent, s'espacent. Les convulsions disparaissent. La mère pleure de découragement.

- Ma fille est atteinte d'une maladie honteuse, pense-t-elle, écrasée sur elle-même. Est-elle folle? Est-elle possédée?

Lorsque l'enfant se rendort, je m'allonge à ses côtés. Je la prends dans mes bras et je la berce. À défaut de pouvoir habiter son corps physique, je prends place dans ses corps subtils. J'habiterai le cocon qui l'entoure. À ce moment précis, je fais un pacte avec cette petite :

- Jamais, quoi qu'il arrive, je ne t'abandonnerai durant cette vie, je te le promets!

L'année terrestre qui suit cette première nuit affolante est tissée de 360 autres nuits toutes aussi électriques. Je suis en veilleuse pendant tout ce temps. Le médecin de la famille conseille une opération au cerveau. Je souffle au père de l'enfant qui m'entend :

- Et si ton toubib de la colonne vertébrale pouvait faire quelque chose?

Le père magicien quitte son état de torpeur et d'impuissance. L'enfant est présentée aux mains habiles du guérisseur qui rétablit les circuits du système nerveux central. C'est la dernière explosion du barrage pour l'enfant.

Des dizaines d'années plus tard, elle apprendra que certains nomment l'explosion Kundalini et que le barrage retient une force sauvage primitive qui peut s'éveiller n'importe quand sans prévenir.

Le calme revient, mais c'est un calme de zombi mécanique, accompagné d'un retour inévitable au couvent. Il faut attendre cinq autres années terrestres pour que l'alchimie des hormones, de la désormais adolescente, réactivent les méridiens de Chaleur aimante.

Je risque à nouveau les visites intérieures et les messages de la nuit. Certains soleils d'énergie sont entrouverts. À mon grand étonnement, cependant, j'y rencontre une autre forme de barrage, plus solide, bien qu'en formation; plus coriace aussi, car plus sournois. Sur Terre on le nomme *ego*.

C'est le début d'une longue histoire de négociations entre nous : son corps, son ego et moi... l'âme...

La mort d'Adrien

Ô toi Âme, grandement majestueuse, je suis venu afin de pouvoir te voir. J'ai ouvert chacun des chemins dans le Ciel et sur la Terre, car je suis le fils bien-aimé de mon père Osiris. Je suis noble, je suis un esprit, je suis équipé. Ô vous tous dieux et vous tous esprits, préparez un sentier pour moi.*

J'entre à l'hôpital la semaine prochaine et je n'en ressortirai jamais, annonce-t-il froidement.

Je sais que c'est vrai et j'en frémis. Je sais qu'après sa mort, son âme ne prendra pas tout de suite le Chemin de la Lumière. Je sais qu'elle errera pendant des années, retenue par l'attachement à l'âme de son épouse et sa culpabilité de l'abandonner, de la laisser seule avec quatre filles en bas âge. Je sais que personne ne saura lui indiquer le Passage et qu'elle sera torturée de souffrances trop longtemps. Je sais aussi qu'il faudra un accident dramatique pour que son épouse lâche prise, la laisse aller, quitte leur maison et poursuive sa vie terrestre avec plus de détachement.

L'adolescente renfermée ignore tout ceci et ne bronche pas. Elle ne veut pas croire cet homme sévère, autoritaire, qu'elle craint et respecte à force de s'être butée si souvent à son armure.

- Qu'est-ce que tu racontes? Je ne te crois pas.

Il voulait quatre garçons. Il a quatre filles. En voulant la protéger, il emmure la femme naissante en elle. Il l'oblige à cacher sa beauté, son désir de plaire, sa sensualité. Aujourd'hui, elle croit souvent le détester.

- S'il peut mourir celui-là! songe-t-elle parfois, en colère contre lui.

Elle gravit lentement les marches de l'escalier qui conduit à la porte d'entrée de l'hôpital militaire Royal Victoria. Elle hume une odeur

---

*   *Livre des Morts*, op. cit.

inhabituelle dans l'air torride de cette soirée du 26 juillet 1968. Est-ce mon amour incommensurable pour lui qui la touche? Je vois défiler dans son troisième oeil, des images tendres à l'égard de son père.

Elle le voit enfant, marcher pieds nus dans la neige glacée pour se rendre à l'école. Ce matin-là, l'unique paire de chaussures familiale avait été prêtée au benjamin.

Elle se souvient de sa fidélité à réciter tous les soirs, agenouillé dans la cuisine, le chapelet radiophonique guidé par le Cardinal Léger.

- Une famille unie est une famille qui prie, chante le dignitaire catholique... Mes bien chers frères, prions... Notre père... qui êtes aux cieux...

Elle se rappelle de la seule soirée où elle l'accompagne à une partie de hockey du samedi soir, au Forum de Montréal. Il est surexcité par le jeu et, elle, folle de joie d'être en sa compagnie, bien qu'elle ne comprenne rien à ce sport.

- Aïe! Tu me fais mal, s'écrit-elle, lorsqu'il laisse déborder sa joie un peu trop brusquement sur ses bras.

Elle se remémore le mal fou qu'il se donne pour cultiver un jardin de légumes biologiques :

- Les légumes cultivés sans produits chimiques sont bien meilleurs pour la santé, déclare-t-il fièrement en tentant, en vain d'oublier les douleurs de son corps courbaturé d'arthrite rhumatoïde.

Elle pense aux matins du Premier de l'An, où elle s'agenouille devant lui, à mille lieux de questionner la société patriarcale qu'il porte avec fierté derrière sa cravate.

- Papa, peux-tu nous bénir? demande-t-elle en tremblant au nom de la famille dont elle est l'aînée.

Elle s'attarde surtout sur les nombreux élans de tendresse qu'il a envers sa mère qu'il chérit particulièrement.

- Votre père et moi, nous faisons l'amour tous les jours, lui confie sa mère, un sourire de plaisir au fond des yeux. Et c'est merveilleux chaque fois, dit-elle en laissant s'échapper une jouissive étincelle de son regard pétillant.

Elle est vulnérable, ses émotions sont à fleur de peau. Les murs froids de l'hôpital lui renvoient l'image glacée de sa solitude. Je ne la quitte pas; j'enveloppe davantage ses corps subtils. Elle ne m'entend pas lui dire : « Je suis avec toi... »

Les souvenirs tendres cèdent la place aux moments trop nombreux de solitude, de silence. Son père n'a jamais su lui parler, communiquer profondément avec elle, sauf par la colère et les reproches.

- Enlève ce maquillage tout de suite!!! L'épouse de Roosevelt n'en porte pas elle! C'est une femme intelligente...

Doit-elle comprendre que la féminité et l'intelligence ne vont pas de pair?

Après les premières années de l'enfance, il a cessé de la toucher, de l'embrasser, de la prendre dans ses bras et de lui dire « Je t'aime ». Par la suite, il n'a jamais su lui enseigner le langage de la tendresse du corps. Elle ressent un manque d'amour profond de la part de cet homme envers elle. Ce premier homme de sa vie qui a toujours retenu, au-delà de l'enfance, l'expression de son amour envers ses filles. Je lui souffle en vain :

- Si tu savais comme il t'aime! Son enfance de misère et le décès de sa mère alors qu'il n'avait que neuf ans, l'ont rendu si vulnérable, qu'il a du se construire une armure très tôt pour survivre. En ce trop court laps de temps terrestre, tu n'auras eu que le temps de mesurer ta carapace d'adolescente à son armure d'homme brisé.

L'ascenseur s'arrête à l'étage des patients aux soins intensifs. L'odeur inhabituelle la guide vers sa chambre. La porte est fermée. Elle retient son souffle. Elle pousse la porte avec hésitation. Son coeur bat plus vite. Elle ne sait pas encore que c'est la dernière fois. Elle entre dans une sorte de transe hypnotique qui anesthésie ses émotions.

Elle avance dans le brouillard qui remplace l'oxygène de la place. Elle fixe son attention sur les bouteilles de soluté, sur les barreaux de métal du lit. Elle s'approche. Il semble dormir. Il reconnaît sa présence, car ses sens sont devenus très aiguisés. Son visage osseux, grisâtre, ne peut même plus esquisser un sourire. Ses yeux vert jaune dont elle a hérité, jadis si étincelants, sont noyés dans le vert de gris de sa peau diaphane.

- Peux-tu me laver? demande-t-il faiblement.

Les mots résonnent à l'intérieur de sa boîte crânienne comme l'écho venu d'un autre espace. La transe hypnotique lui permet d'agir telle une automate, sans rencontrer sa douleur ni la sienne.

Elle soulève le drap humide de transpiration. Elle reconnaît la provenance de l'odeur inhabituelle, l'odeur annonciatrice des grands départs. Elle contemple pour la première fois le corps nu de son père. Ils sont seuls dans le désert du silence. Il est si amaigri qu'il pourrait se désintégrer sur le matelas. Il est couvert de taches bleu violet, laissées par les aiguilles de soluté que l'on déménage sur ses os et les restes de ses muscles depuis deux mois, deux mois qui lui ont paru 2 000 ans.

Elle l'aide à se soulever et enlève la bassine sous ses fesses. Une émotion s'échappe de la coupole hypnotique de son cerveau.

- Comme il doit être humilié de cette incontinence! songe-t-elle. Où est passée l'armure? Où est passé le corps musclé, athlétique, de l'ancien militaire? Qui est cet homme fragile, vulnérable, vaincu par la leucémie, à l'aube de ses 44 ans? Pourquoi a-t-il abdiqué devant la vie? Pourquoi a-t-il baissé les bras?

Du fond de ses cellules, des mémoires s'éveillent. Ses gestes se font précis, un rituel se dessine. Je lui souffle l'art ancien de la purification du corps par l'eau et le linge sacrés. Ses mains ne sont plus ses mains, mais celles d'une pietà que j'éveille en elle. Ce corps n'est plus celui de son père, mais un corps qui demande la purification avant le Passage. Elle n'a plus 17 ans, elle a 17 000 ans.

Le rituel est accompli. Elle borde son père et dépose un baiser sur son front. Il s'est endormi.

- Bonne nuit. Je reviendrai demain.

Il ne peut plus voir ses larmes. Elle ignore que ce soir son enveloppe s'endormira pour toujours. Son âme attendra l'arrivée de son épouse et de son frère et remettra entre leurs bras son dernier souffle de vie terrestre. Elle quitte la chambre contre son gré. Quelque chose la retient, mais elle doit aller remplacer sa mère auprès de ses jeunes sœurs. Elle fait ses adieux à son père, sans le savoir.

L'anesthésie continue d'agir jusqu'au moment du sommeil. Elle s'endort sous hypnose. Vers 4 h 00 du matin, sa mère en larmes la tire de son sommeil.

- C'est fini. Votre père est parti cette nuit.

Il n'y a plus de fuite. Le soleil du plexus accuse le coup de la déchirure. Trois jours plus tard, quatre roses jaunes sont lancées au fond de la terre sur un cercueil. Une dernière image s'imprime en elle : sur une pierre tombale deux mains sculptées tiennent un grand anneau. Sous le relief, à la demande du père, sont gravés les mots :

Dans la souffrance
Un seul point d'attache, celui qui ne cède jamais
Le Christ!

- J'aimerais tant t'accompagner, dis-je à cette âme que j'aime!

- Tu dois rester, répond l'âme d'Adrien. Je ne connais pas la vérité sur la vie. Mais toi, continue ta quête!

Je dois d'abord retrouver le Chemin et puis, surtout, j'ai promis... j'ai promis de rester et de veiller sur mon véhicule terrestre jusqu'à la fin.

Gloire à toi, Ô Ré, à ton réveil! Tu vas où bon te semble dans la Barque de la Nuit; ton coeur est joyeux dans le vent léger de la Barque du Jour, heureux de traverser le ciel avec ceux qui sont bénis. Tous les fardeaux sont allégés. Les Étoiles Insouciantes t'acclament. Les Étoiles Impérissables t'honorent, lorsque tu te couches à l'horizon de Manu, heureux en tout temps[*].

Cette fois j'ai réussi à bien me faire entendre. Il faut d'abord, avec la collaboration de mon âme-frère qui allait devenir son fils, que je la persuade de ne pas se faire avorter.

- Je ne veux pas d'enfant et, de plus, je considère que la grossesse est une façon barbare de se reproduire! dit-elle depuis toujours.

Elle ignore d'où lui vient cette idée. Comment peut-elle savoir qu'il s'agit d'une mémoire d'autres espaces où les êtres se créent par formes-pensées vibratoires?

Puis je place sous ses yeux un livre du Docteur Frédéric Leboyer qui présente des expériences d'accouchement naturel. Sa grand-mère maternelle, sa marraine-fée qu'elle adorait, Marie Louise, avait été sage-femme. Elle se plaît à laisser ressurgir de ses cellules un héritage de connaissances et de pratiques anciennes, plus près de la vie simple des gens du terroir.

Ensuite je convaincs en rêve le futur père de déménager la jeune famille.

- Allez à la campagne, en pleine nature, afin de recevoir en toute sérénité votre enfant.

Et, surtout, je lui facilite la rencontre d'un médecin fabuleux qui croit que le Passage vers la naissance incarnée est un acte sacré. Me voici

---

[*]   *Livre des Morts*, op. cit.

pour la seconde fois en 24 ans dans ce que les terrestres appellent une salle d'obstétrique. L'atmosphère est empreinte de silence. Les lumières néon ont été remplacées par des petites lampes tamisées. Un exploit sur Terre en 1974! Le yoga et la respiration lui ont permis jusqu'ici d'éviter toute anesthésie clinique. Le futur père l'aide à soulever son corps pour gérer ses contractions.

- Tu es courageuse. Le bébé, dit-il en l'aidant à pousser, est plus costaud que prévu.

Neuf livres! Dix-huit kilos! L'alimentation saine et les exercices ont porté fruit. Elle est en sueurs et ses contractions s'intensifient.

- Nous devons lui faire une semi-épidurale, annonce le médecin à la dernière minute.

Je persuade mon âme-frère de sortir de la caverne ouateuse où il a passé neuf mois de béatitude.

- Tu es un guerrier! Passe à l'action!

Nous y sommes. Une image se superpose à la sortie fracassante du bébé-corps : un *splash* gigantesque d'eau et le saut joyeux d'un bébé-poisson au-dessus de la vague. Beau travail! Elle est épuisée mais ravie. Le poisson se nourrit déjà, tel un petit dauphin, au lait généreux de sa mère. Il y a symbiose et retrouvailles. Dans le liquide maternel circule de nouveau la Chaleur aimante, la Lumière et la Joie Pure. À son insu, elle s'ouvre encore une fois et me permet de la visiter. Je me délecte de cette énergie d'amour. Je communique aisément avec l'âme de son fils. Je sais qu'il l'aidera à s'enraciner et à retrouver le Chemin qu'il vient tout juste d'emprunter.

- Tu l'aideras à rouvrir son coeur en temps voulu, lui dis-je par télépathie, à vivre et à aimer sans conditions. Tu l'obligeras à lâcher prise sur l'illusion de contrôler sa vie terrestre. Tu saccageras son ego à grands coups de détachements. Tu amèneras dans son quotidien une rivière de fluidité, libérée des jugements et des limitations. Tu ébranleras l'univers de ses croyances et de ses conditionnements. Tu lui donneras une raison de vivre lorsque le monde autour d'elle s'écroulera. Tu l'obligeras à faire des choix et à les assumer. Tu la forceras à la transparence et à l'authenticité sans masques.

Face à lui, elle devra s'engager dans son incarnation. Le plus merveilleux, c'est qu'il l'en informera indirectement, dès l'âge de sept ans.

- Je t'aime parce que tu es mon rêve. Avant de naître, je t'ai choisie comme mère et je t'ai eue!

Et une autre fois encore, alors qu'une migraine insupportable le cloue au lit depuis des heures.

- Pose tes mains sur ma tête, s'il-te-plaît, demande-t-il avec simplicité et assurance. Tu verras. Tu PEUX enlever mon gros mal de tête.

Elle obéit, guidée uniquement par la mémoire de sa mère lorsqu'elle était enfant. Elle pose ses mains avec amour et prie Dieu d'agir à travers elle. Au bout d'un moment, la magie fait effet. La migraine s'envole et Manu s'endort dans les bras de son âme.

Je ne peux m'empêcher de lui murmurer durant son sommeil d'enfant heureux :

- Sais-tu que cette mère choisie t'amènera sur les eaux houleuses de l'océan du divorce, des séparations, de l'instabilité et de l'insécurité?

Comme pour le prévenir. Mais il sait déjà.

LE FEU DÉCAPANT

Je suis un Illustre, le fils d'un Illustre. Je suis une flamme, le fils d'une flamme[*].

Un immense bras couvert de poils s'élève dans la pénombre. La main géante tient une torche bien allumée. J'entends le concierge de l'immeuble lui dire :

- Regarde, je vais te montrer une nouvelle installation pour décaper les meubles.

En une fraction de seconde tout explose. Un bruit infernal se fait entendre. Le feu la recouvre complètement comme une torche vivante. Elle a le réflexe de couvrir ses yeux de ses mains. Le sol de l'atelier a l'intelligence d'être couvert de sable plutôt que de béton. Elle se jette dans le sable et se roule de tous côtés en criant. Elle devient hystérique.

Elle se précipite dans la maison et ouvre tous les robinets de tous les éviers et baignoires des trois étages.

- De l'eau, de l'eau... Je brûle!

Elle cherche sans réfléchir à éteindre le feu ardent qui brûle sa peau. L'eau ne suffit pas. Elle passe devant un large miroir et s'y arrête. Elle contemple son image et hurle de douleur.

- Ce n'est pas possible! Je suis défigurée pour la vie!

Ses cheveux sont calcinés et dégagent une odeur de porc brûlé au lance-flammes; ses cils et ses sourcils sont brûlés. La peau de son visage se gonfle comme une pomme cuite au four. Elle va éclater. Son cerveau va éclater. Elle se rue vers la cuisine à la recherche d'un couteau pour se couper les veines.

- Bienvenue sur Terre! Bienvenue en Enfer! reprend une voix connue si lointaine que je l'avais oubliée.

---

[*] *Livre des Morts*, op. cit.

Je pose un regard de compassion infinie sur mon enveloppe terrestre. Je pleure tout autour d'elle, ne pouvant lui offrir que ma présence silencieuse.

- Je t'aime sans conditions.

Elle ne m'entend que durant les rares moments qu'elle passe avec son fils, mais ils sont moins fréquents depuis la séparation. Dans quelques heures, à l'hôpital, elle refusera de le revoir, même au cours des prochains mois. Elle ne pourra supporter l'idée d'offrir à son fils la présence d'une mère momifiée, méconnaissable, voire même repoussante. Elle se sent seule, rejetée, bannie, punie.

Il est trop tôt pour lui faire comprendre que ce n'est pas la première fois. J'ai connu d'autres véhicules terrestres meurtris par le feu en d'autres temps, en d'autres lieux. Par osmose, je viens de lui transmettre le souvenir de mes vieilles blessures. Comment pourrait-elle comprendre que le malheur qui l'accable en ce moment est un premier pas vers la guérison? Pourquoi faut-il d'aussi énormes événements pour éveiller d'aussi énormes souffrances? Le prix à payer pour amorcer la guérison doit-il être aussi grand?

Sa convalescence est une lente et pénible descente au fond du puits. Chaque journée nouvelle est plus sombre que la précédente. Elle s'écroule sous le fardeau de l'immense culpabilité qu'elle ressent envers elle-même. En quelques années, des aspects d'elle l'ont poussée à l'autodestruction progressive : séparation, promiscuité, drogues, avortements, accidents et maintenant le feu décapant.

Le puits est de plus en plus profond et de plus en plus noir. En même temps que la peau brûlée, desséchée, morte, se soulève de son visage comme un masque, un profond désir de mort l'envahit. Elle a atteint le fond du puits.

- Je veux mourir! Je ne veux plus vivre!

Elle retourne à la cuisine, à la recherche d'un couteau pour se couper les veines.

- Bienvenue sur Terre! Bienvenue en Enfer! répète la voix.

C'est une épreuve, je le sais. Je ne réagis plus. Je crois avoir vraiment oublié pourquoi je suis revenue. J'ai occulté le pacte de veiller sur elle, le Chemin à retrouver, la Chaleur aimante, la Joie Pure, la Lumière. Je suis avec elle au fond du puits, immobile. J'ai abdiqué.

- Nous allons mourir ensemble, emmurées vivantes.

Les journées passent, semblables et noires. Un après-midi, il me semble apercevoir un mince filet de lumière provenant du haut du puits. Ce filet transporte un son, deux syllabes :

- Thomas...

Sans trop comprendre, je me mets à répéter ce son comme un mantra. Je le chante à son oreille.

- Thomas... Thomas...

Il pénètre dans son cerveau. Il faut un certain temps pour que les circuits se rétablissent et que l'information circule. Une faible lumière s'allume en elle :

- Thomas est le beau-frère, l'ami, le confident, le guide, le guru de mon père. Ça y est! Je comprends.

Telle un robot mécanique, elle se rend vers le téléphone, décroche le récepteur, signale le numéro et suit le fil télépathique jusqu'à Thomas le philosophe, l'hurluberlu, l'extra-terrestre. Thomas le magicien qui s'est inventé une auto électrique durant les années cinquante! L'astronaute qui passe ses nuits dans cette auto au toit de verre qui lui permet de contempler les étoiles.

- Vous ne savez pas ce que vous manquez en dormant dans vos maisons la nuit, raconte-il à qui veut l'entendre.

Personne ne l'écoute, sauf Adrien.

- Allô!

- Thomas, c'est moi, la fille d'Adrien. Parle-moi.

Je devine que c'est un clin d'oeil de l'âme d'Adrien. Il vient la visiter avant de repartir. Il a retrouvé le Chemin. Elle remonte doucement à la surface. La lumière aveugle ses yeux habitués à la pénombre et à la noirceur. Elle laisse de grosses croûtes d'ego au fond du puits. Elle réapprend à parler, à marcher. Une nouvelle quête débute pour elle. La quête de la conscience.

PASSAGE 2

BIENVENUE AUX PARADIS!

ÊTRE!

Je brille dans le ciel, j'ascensionne vers le ciel. Bien que je sois inerte, je grimpe vers le soleil. Bien que je sois inerte, je marche sur les rives de la rivière... dans le domaine des Dieux[*].

J e marche sur un sentier éclairé par les rayons de la Pleine Lune argentée. Le chemin longe un lac cristallin entouré de montagnes aux sommets arrondis. Je suis seule, incroyablement seule. Je contourne le lac et me rends de l'autre côté. Soudain un obstacle obstrue la route. Je connais cet obstacle, j'y suis venue à maintes reprises. Ce soir, je décide de le franchir. Ce soir je décide de franchir ma peur.

À peine traversée cette barrière, je me sens devenir légère. Je m'élève en douceur au-dessus du paysage. Les rochers épars aux abords du lac deviennent translucides, tels des arcs-en-ciel lumineux. Je vois l'énergie cristalline qui danse à travers les pierres. Je m'élève toujours. Une large main me prend sous le plexus pour me soutenir et m'invite à m'élever davantage. Cette main géante me communique une Chaleur aimante d'une telle puissance que je m'y abandonne totalement. J'éprouve un bien-être sans mesure et une paix infinie. Je m'élève vers la Lumière. Je deviens lumineuse. Je suis Lumière.

Je flotte au-dessus de mon enveloppe physique qui dort profondément au milieu de la nuit. Un gros cordon d'argent nous relie au plexus. J'hésite à descendre plus bas. Mais je dois le faire. J'ai retrouvé une partie du Chemin, je dois le lui partager. Il faut qu'elle sache. Je me glisse en elle doucement par le cordon qui nous unit. Quelle raideur! Son corps est paralysé comme un bloc de ciment.

- Réveille-toi, j'ai quelque chose d'important à te dire.

---

[*]   *Le Livre des Morts,* op. cit.

Elle s'éveille tranquillement. Elle croit qu'elle vient de rêver. Elle hésite entre la panique et la béatitude. La panique de ressentir la paralysie totale de son corps. La béatitude d'être consciente du bien-être immense qui rayonne d'elle à partir du plexus. Il lui faut quelques heures avant de retrouver les mouvements de son corps, qu'elle ne ressentira jamais plus de la même façon. Elle n'arrive pas à s'expliquer ce qui se passe, mais elle se sent pleine.

Elle est pleine de moi, pleine d'Amour, de Chaleur, de Lumière, de Paix, de Joie Pure. Et pourtant, hier soir, avant de s'endormir, elle pleurait sa solitude. Elle se sentait seule, incroyablement seule.

J'habite complètement mon enveloppe physique. Nous faisons UN. Je déborde dans ses corps subtils. Je suis dans son cocon de lumière. Je SUIS. Je suis irradiante.

Nous serons ensemble pendant les deux mois à venir. Nous dégageons tellement d'amour que les gens se sentent attirés à nous sans savoir pourquoi. Nous sommes magnétiques. Nous prenons place à la terrasse d'un café populaire. C'est l'été. Il fait si bon. Des hommes, des femmes viennent s'asseoir près de nous et sourient gratuitement, sans attentes. Parfois l'un d'eux se risque à dire :

- Qu'est-ce qui fait que vous ayez l'air aussi heureuse? D'où vient ce bonheur qui se dégage de vous?

- Je n'en sais rien. Je suis bien, tout simplement, répond-t-elle en souriant.

Moi je sais. Elle se permet d'Être, en toute simplicité, sans chercher à comprendre. Simplement Être. Elle me permet d'irradier à travers elle. Et cette irradiation, telle un aimant, attire les autres.

Elle s'ouvre à cette nouvelle présence en elle sans pouvoir l'identifier toutefois. Je profite de ces deux mois privilégiés de cohabitation, car je sais qu'il faudra encore au moins une année pour une véritable reconnaissance mutuelle.

Cette fois, c'est moi qui me laisse bercer par mon véhicule terrestre. Ma densité m'accueille sans conditions, sans même savoir qui je suis.

Le chemin du Soleil

L'ASTRONOME QUI LIT DANS LE SPECTRE DES ASTRES Y DÉCOUVRE LES MÊMES ÉLÉMENTS CHIMIQUES QUE CEUX QUI COMPOSENT SON CORPS, LE SUPPORT MATÉRIEL DE TOUTE CHOSE ICI-BAS. LA GRAVITATION, L'ÉLECTRICITÉ ET TOUTES LES FORCES DE LA PHYSIQUE CONNUE SONT VALABLES ICI ET SUR LA LUNE, LE SOLEIL, LES ÉTOILES, TOUT L'UNIVERS OBSERVABLE[*].

Tu glorifies mon esprit, tu rends, Ô Osiris, mon âme divine. Je t'honore; sois content Ô Seigneur des Dieux, car tu es exalté dans ton firmament, et tes rayons sur ma poitrine sont comme le jour[**].

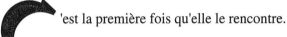'est la première fois qu'elle le rencontre.

- J'arrive d'un périple de neuf mois en Inde et au Sri Lanka, dit-il avec un sourire désarmant.

Elle reconnaît à l'instant la Chaleur aimante et la Lumière qui émanent de ses yeux bleus. Il est garçon de table dans une brasserie du coin, le soir, et musicien-compositeur le jour. Trois semaines plus tard, ils ne se quittent plus.

- J'ai vécu une transformation majeure au cours des neuf mois que j'ai passés à fouler le sol d'une des plus anciennes terres spirituelles de la planète. J'ai retrouvé le sens profond du sacré et tous mes gestes quotidiens le reflètent. Je ne suis plus comme avant... dit-il, en laissant son regard d'eau pure glisser sur un rayon de soleil et plonger dans le courant de la rivière Saint-Maurice.

À son contact, très subtilement, elle commence à vivre des changements intérieurs. Je perçois comment leurs corps subtils s'interpénètrent tels des vases communicants.

---

*   *GEO,* op. cit.

**   *Le Livre des Morts,* op. cit.

Elle sent un mouvement vers l'intérieur qui s'accentue de jour en jour. Elle se nourrit de lectures nouvelles et inspirantes sur l'éveil de la conscience, sur la vie de certains penseurs ou de maîtres spirituels. Elle se familiarise avec Satprem, Aurobindo, Siddhartha, Gurdjieff, Aïvanov, Hesse, Rilke, Alexandra David Neel, Spalding et bien d'autres.

- Un nouveau regard s'installe en moi, comme si des yeux voyaient à travers mes yeux, lui dit-elle quotidiennement.

Une fois la première année de passion apaisée, ils ressentent le désir tous deux de poursuivre leur relation en partageant une activité spirituelle. Ils sont initiés à la méditation transcendantale. Quelle discipline! Vingt minutes, avant les repas du matin et du soir, ils s'installent en silence au coeur de la paisible maison de campagne qu'ils ont choisie comme oasis. Les oiseaux, les arbres, le soleil et la pluie les accompagnent. Dès les premières journées, elle ressent les bienfaits de ce temps d'arrêt. Son corps, son coeur et son cerveau se calment. Ses pensées s'envolent. Sa respiration s'allège. Elle répète le mantra qu'on lui a confié et qui la ramène au centre d'elle-même lorsqu'elle se perd.

- *Shirring... Shirring...*

Très subtilement, d'autres phénomènes commencent à se manifester. Il lui arrive de humer l'odeur de fleurs qui embaument la pièce où elle médite, sans pour autant qu'il y ait des fleurs auprès d'elle. Elle obtient l'état de paix plus rapidement dès le début de la méditation mais elle éprouve de plus en plus de difficulté à cesser l'exercice au bout de 20 minutes.

Elle a souvent envie de continuer plus longtemps. Elle tente d'expliquer ce qu'elle vit à son partenaire :

- Je ne ressens plus mon corps de la même façon : il est plus spacieux, moins dense, plus éthérique, léger et fluide en même temps. J'ai l'impression que mon corps occupe tout l'espace de la pièce, parfois même qu'il enveloppe la maison. Ce qui me fascine davantage, c'est l'activité autour de mon cerveau et au-dessus du crâne. Comme si mon cerveau s'élargissait, prenait de l'expansion, s'étirait à l'infini. La conscience étroite que j'ai de moi-même éclate. Je me rends compte que je ne suis pas limitée, que je ne suis pas restreinte à mon environnement. Je peux être ici et ailleurs en même temps. Ce n'est plus un rêve, c'est une réalité.

- Le temps et l'espace deviennent élastiques, n'existent plus. Voilà pourquoi ce vingt minutes pendant lequel nous méditons est une illusion, ajoute-t-il.

Un soir, au cours d'un repas partagé avec deux amies aussi en recherche spirituelle, elle expérimente un état inconnu suite à la mention par l'une d'elle du nom de Dieu.

- Dieu est amour et vérité...

Des ondes électriques très puissantes parviennent au-dessus de son crâne et s'introduisent par la fontanelle. Elle sent son cerveau se diviser en deux parties. La zone centrale s'intensifie comme si un courant de haut voltage parcourait tout cet espace. Les chocs vibratoires se transmettent au reste du corps. Bientôt toutes les cellules sont en ébullition. Un tremblement continu circule en elle. Elle repousse son assiette et cesse de parler.

- Je ne comprends pas ce qui m'arrive.

Lorsqu'elle quitte le restaurant, ce soir-là, quelqu'un d'autre conduit la voiture. Elle monte l'escalier au deuxième. Son partenaire est là, en train de se brosser les dents. Il la regarde, ébahi.

- Que se passe-t-il?

- Ce soir, j'ai rencontré Dieu! répond-elle d'emblée, sans réfléchir.

Il s'étouffe presque avec sa brosse à dents.

- J'aimerais bien que tu me le présentes, ajoute-t-il sérieusement, devant son air éclaté.

Les 11 jours et 11 nuits qui suivent l'amènent dans un autre monde. Elle ne mange plus, ne dort plus. Elle quitte son travail et toute forme d'activité extérieure. Elle sent la présence d'entonnoirs d'énergie qui s'ouvrent là où sont ses soleils: aux pieds, aux genoux, au bassin, à l'abdomen, à l'estomac, au coeur, à la gorge, entre les sourcils et sur la tête. Elle devient un immense entonnoir ouvert sur la vie. La vie circule en elle, entre et sort sans obstacles. Elle est Amour et

Lumière. C'est la première fois qu'elle en est consciente. Tout ce qui émane d'elle est joyeux, lumineux, chaleureux.

Tous les jours, elle se rend dans une clairière au milieu de la forêt. Elle se tient debout, bien droite, telle un obélisque entre Ciel et Terre.

- Alleluiah! Alleluiah! répète-t-elle.

Le ciel s'ouvre. Un grand soleil fait son apparition. Des rayons de lumière émanent de ce Soleil vibrant et se dirigent vers elle. Elle boit et mange cette Lumière.

Je suis à genoux à ses côtés. Je pleure. Je me souviens de la Chaleur aimante. Je baigne à nouveau dans le Soleil vibrant, à travers mon véhicule terrestre. Quelle Joie indescriptible! Elle m'invite à m'unir à elle. Je me fonds dans chacune de ses cellules, chacun de ses soleils, chacune de ses enveloppes. Nous fusionnons. Nous nous fusionnons au Soleil vibrant. C'est l'extase! Je l'entends enfin parler de moi. Je l'entends m'identifier.

- Jusqu'à maintenant, j'ai presque toujours senti un vide en moi et autour de moi. Je me suis toujours sentie séparée de mon âme. Aujourd'hui, je sens que mon âme et moi ne faisons qu'UN. Mon corps est véritablement le temple de mon âme. Mon âme habite mon corps.

Je pleure de Joie. Elle me reconnaît. Elle me nomme. Il a fallu 32 années terrestres pour qu'il en soit ainsi. Alleluiah!

Onze jours et 11 nuits de bénédiction, de béatitude et d'extase! Son compagnon la soutient sans comprendre. C'est ainsi. Tout est simple.

Un après-midi, je lui envoie un message.

- Il te faut quitter ton oasis temporairement et te rendre dans une grande ville.

Elle rassemble ce qu'il lui reste de réflexes humains pour se vêtir et conduire une automobile. Elle arrive dans la ville et marche sur le trottoir d'une rue achalandée. Elle voit défiler des humains et se dit :

- Ce sont des morts-vivants, des robots.

Elle cherche un regard, des yeux vivants. Elle croise une femme indienne très belle, portant un sari multicolore. Ses grands yeux noirs sont vivants.

- Est-elle vraie ou est-ce un mirage?

Cette femme, elle la reverra plusieurs années plus tard en rêve, en vision, en photo, en prière.

Elle est téléguidée dans une librairie spécialisée en ouvrages sur la spiritualité. Telle une automate, elle se dirige vers un rayon spécifique. Elle tend le bras. Sa main prend un livre à l'étagère devant ses yeux. Elle peut lire le titre et le nom de l'auteur : *L'Amour Universel*, Peter Deunov. Elle l'ouvre au hasard :

> «*L'Amour ouvre aux hommes les portes royales du Ciel et de la Terre... Si l'Amour entre dans leur vie, les hommes marcheront de lumière en lumière, de force en force, de gloire en gloire et leur action dans le monde s'intensifiera... Quand l'homme saisit un seul rayon de l'amour, il s'opère en lui un tel élargissement qu'il comprend tout de suite ses relations avec les hommes et ne craint plus rien... Quand l'Amour aura pénétré en vous, vos yeux s'ouvriront...*»

Ainsi donc, ces 11 jours parallèles étaient une rencontre avec l'Amour Divin! Une parenthèse dans le temps! L'extase mystique! Elle achète le livre et quitte la grande ville. Elle parcourt en sens inverse les 200 kilomètres qui la ramènent à son oasis. Elle a trouvé une réponse. Maintenant, elle peut ÊTRE et se reposer quelque temps.

Elle met deux années à intégrer cette expérience, cette porte ouverte dans un autre temps, un autre espace, une autre dimension. Elle cherche en vain à l'extérieur d'elle une résonnance de groupe, de lieu, de pensée. En vain! Il lui faut tout ce temps pour reconnaître que la confirmation qu'elle cherche vainement à l'extérieur d'elle est là, tout près, à l'intérieur, en elle. Elle cherche son âme, son essence, sa Source. Elle est là, tout près, en elle, depuis toujours. Je lui souffle :

- Je suis là, tout près, si près.

LA POUDRE BLANCHE

Car tu as du pouvoir dans les jambes. Tiens-toi loin
de ton corps qui est sur Terre[*].

L'épisode Fusion fait sourire le peuple du Ciel, mais un peu
moins le peuple de la Terre. C'est ainsi qu'elle reprend la
voie de la solitude et se retrouve au coeur d'une forêt
sauvage du Québec, pour une retraite de quatre mois. Elle
loue une petite maison esseulée, au centre d'un vaste domaine, en
Mauricie. Une chambre, un salon, une cuisine, voilà tout ce qu'il lui
faut pour sa vie d'ermite. Ses compagnons sont deux chats
abandonnés qu'elle recueille en l'espace de quelques semaines. Elle
les nomme Shila et Rishi, maître et disciple. Ses journées sont
remplies d'heures de méditation et de contemplation, espacées de
longues marches en forêt. Les arbres, les oiseaux, le ruisseau clair
deviennent ses amis, ses confidents, ses maîtres. Ses seuls livres sont
les multiples versions de la Bible, Ancien et Nouveau Testaments.
Elle les lit avec avidité, comme si c'était la première fois. Chaque
mot, chaque phrase se met à vivre sous ses yeux, à s'illuminer sous
son regard. Les prophètes, les rois, les apôtres sont tous des
personnages qu'elle a l'impression de connaître. Ces écrits sont
vivants, au-delà des mots, au-delà des mystères.

- C'est comme si je connaissais toute cette histoire, tout ce périple
d'un peuple lointain qui marche à travers le désert, songe-t-elle
souvent en contemplation.

Je suis là, en elle, autour d'elle, le jour, la nuit. En rêve, je l'amène en
douceur à expérimenter de nouveau des sentiers connus.

- Apprends à te familiariser avec mes nombreuses vies de contemplation, dans le secret des montagnes, des monastères, des forêts, des
déserts. Souvent, sur cette planète, à travers d'autres corps, je suis
venue marcher, fouler le sol au cours de plus ou moins longs
passages.

---

[*]   *Livre des Morts*, op. cit.

Je suis tellement à l'aise avec ce que les humains appellent la solitude. Pour moi, la solitude dont ils parlent est une occasion merveilleuse de rencontre, de prière, de communion avec le Soleil vibrant. Comment peuvent-ils parler d'ennui? Lorsque l'enveloppe se tient tranquille, en paix avec elle-même, nous dialoguons.

- Apprenons à nous reconnaître, à nous redécouvrir, lui dis-je tous les jours.

Les jours s'écoulent, tous plus calfeutrés les uns que les autres. Elle est de moins en moins reliée aux humains de la Terre, de plus en plus à la nature, où elle baigne. Elle oublie les autres. Nous nous complaisons l'une avec l'autre et nous nous suffisons à nous-mêmes.

Une nuit, de retour d'un voyage dans l'univers, j'aperçois sur elle une énorme forme noire en train de l'étouffer. Elle est complètement en sueurs et ne respire presque plus. Quelques minutes plus tard et ça y est! Je crie à l'intérieur du cerveau de mon enveloppe :

- Réveille-toi!

Elle sursaute, reprend son souffle, voit la forme noire et hurle. La panique s'empare d'elle, son coeur bat violemment. Je lui insuffle :

- Prends le livre du peuple du désert, assieds-toi et prie sans relâche.

Ce qu'elle réussit. Au bout de quelques minutes, le calme revient, mais je sais que la peur vient de brouiller notre harmonie. Je suis moi-même surprise d'avoir reconnu un vieil ami de longue date, un vieux frère de l'ombre. Serions-nous deux à vouloir nous partager mon véhicule? Je me fais voix au dedans d'elle :

- La visite nocturne est un excellent apprentissage de vigilance. Lorsque l'humain ouvre les portes de ses soleils, il lui faut se rappeler que la lumière attire les mouches, que la prière est une excellente protection et qu'il ne faut surtout pas s'endormir, mais veiller, comme Il l'avait demandé une certaine nuit.

- Veillez et priez, car le malin rôde.

Cette nuit-là, je ne m'étais pas rendu compte immédiatement que le malin avait pondu ses oeufs. Si bien qu'un soir, au bout de quatre mois de retraite, je vois une plante adulte bien enracinée dans son dos et qui pousse, pousse, jusqu'au delà de son crâne. Quatorze ans plus tard, c'est-à-dire en 1996, certains nommeront ces oeufs-plantes, des implants.

Elle revêt son jean moulant, son bustier, sa veste de cuir, ses talons aiguilles et se rend au bal. Le bal a lieu tous les soirs, dans un petit bar mal éclairé du centre-ville. Comme par hasard, c'est la soirée du Beaujolais nouveau. Le vin coule à flots, les copains oubliés rigolent et la poudre blanche du paradis artificiel circule abondamment.

- Bienvenue aux Paradis! lancent les copains.

La plante est un lierre séduisant couvert de fleurs écarlates. Elle tend ses vrilles savamment et ramène un valeureux chevalier au monastère où je l'attends impatiemment. Je comprends que je suis mise au rancard pour un long moment et qu'il m'arrivera de nouveau d'avoir envie de l'oublier à mon tour. Mais j'ai promis...

Puisse mon coeur me guider à cette heure où se détruit la nuit[*].

'astre orangé émerge dans l'air du matin déjà torride. Il est 5 h 30 et l'autoroute est déserte. Ses mains sont fondues au volant et son corps se moule comme de la cire à la banquette. Elle est devenue l'automobile qui se rend vers Québec à toute allure. Il n'y a plus de temps, plus d'espace. Son cerveau embrasse tout l'univers. Elle se sent immortelle, parfaite et omniprésente. Les cristaux de neige se dissolvent dans ses cellules comme les bulles de champagne à travers le cristal.

Elle ne se nourrit presque plus et pourtant elle est supra-efficace. Rien ne lui paraît impossible. Elle ressent la puissance de Dieu dans tout son être. Elle a retrouvé l'état de Fusion de sa première rencontre avec Dieu. Il lui suffit de *sniffer* une petite ligne de poudre blanche pour se retrouver au Paradis sur Terre. Son corps rajeunit, amincit, devient de plus en plus fluide et transparent.

Elle a quitté pour la semaine le Prince des Marées, il y a à peine une heure.

- Bonne semaine, my love!

À la base de son ventre, elle transporte l'Illumination. L'astre orangé qui se lève à l'horizon se lève aussi dans son abdomen. Les parois de la caverne sont serties de pierres précieuses et de cristaux. La lumière pulse dans tout son corps et relie la caverne de son sacrum à l'autre caverne pinéale au centre du cerveau. Une colonne de gloire la traverse telle l'épée d'Excalibur. Le Prince des Marées de la poudre blanche éveille en elle la déesse de l'amour tantrique à l'occidental. Je ne l'habite encore une fois que de l'extérieur. Elle m'a remplacée par des amalgames de cristaux venus des hautes Cordillères des Andes. La poudre broyée qu'elle inspire monte directement dans les

---

[*]   *Le Livre des Morts,* op. cit.

labyrinthes de son cerveau et recrée par synthèse l'illusion du paradis. Je perds mon temps à lui dire :

- Les effets sont trop puissants; je brûle mon essence à demeurer dans ton enveloppe physique. Déjà, les émanations de tes corps subtils sont à peine supportables.

L'amour est devenu une prière. Sur l'autel du désir, elle recrée, telle une grande prêtresse, les rituels sacrés. Son corps dessine des arabesques ancestrales venues de temps si lointains qu'elles se perdent dans la nuit. Kali la magnifique dirige les cérémonies d'amour et de mort.

La barque glisse doucement sur la surface de l'eau claire, sans ridules, au milieu d'un grand lac au coeur du Québec. La forêt dense qui recouvre les montagnes jette ses racines dans l'eau fraîche et limpide. Les huards entonnent le mantra de leurs plongées. Je déploie mes ailes. Quelle merveille! Je leur insuffle la Joie Pure... et quelques mémoires évidemment. Des mémoires de vies amérindiennes où ils étaient mariés à la nature sauvage, dialoguaient avec les animaux, le vent, la foudre, le ciel et vivaient dans les tribus sous des abris de toiles. Des mémoires de vies en Inde surgissent étonnamment dans ce décor enchanteur de pays nordique. Il prend sa serviette de plage et l'enroule en turban autour de sa tête. Son don naturel des langues lui permet d'imiter à merveille l'accent anglo-indien. Il lui tient un long discours de maître spirituel :

- Rappelle-toi, chère adepte, les bienfaits de la prière, de la méditation, du jeûne et du célibat. N'oublie pas que la Voie Royale vers l'Illumination passe par moi, ton unique maître, dit-il avec des yeux pétillants de tendre malice et de désir.

Elle rit, comme une petite fille, de sa longue comédie irrésistible. Elle sait très bien que tout à l'heure il la prendra sur la plage, au bord du lac, et que sa jouissance épousera celle des oiseaux et du vent. La Joie démesurée qui émane de tous ses corps compense pour l'oubli complet qu'elle a envers moi. Je ne peux me laisser bercer dans l'illusion du paradis artificiel qu'elle s'est créé. Je connais cette vibration. Je sais que tôt ou tard elle sera confrontée au prix à payer pour essayer d'amener chimiquement le Paradis sur Terre. L'oubli n'aura qu'un temps.

Le matin des magiciens est arrivé.

- Tout est gris ce matin. Je m'en vais, dit-elle tristement.

Le miroir, les draps, le petit déjeuner, le Prince des Marées, la poudre grise, le ciel, la vie terrestre, tout est gris. Son corps tremble. Elle dit NON et tourne le dos.

Elle plie bagages, fait ses valises et se met au volant du camion de déménagement qui l'amènera très loin de cette région où elle vient de passer les 12 dernières années de sa vie terrestre.

Cette fois, je suis fermement résolue à retrouver le Chemin et à le lui enseigner.

PASSAGE 3

LE CHEMIN RETROUVÉ

L'Univers qui était considéré comme immuable, éternel et statique, EST en expansion, il évolue depuis le Big Bang et produit un rayonnement universel représenté par la lumière résiduelle de cet événement primordial [*].

SARAH

Ô mon coeur de mes différents âges! Tu es le protecteur. Rends-toi vers le lieu du bonheur [**].

on père est là devant elle, tel qu'il était toujours les jours de fête. C'est la première fois qu'il la visite en rêve depuis 20 ans. Il porte complet, cravate; il sourit :

- Regarde mes mains, dit-il en les tournant, paumes ouvertes vers le ciel.

- Ce ne sont pas tes mains, observe-t-elle.

Ce sont des mains larges, épaisses, rugueuses, blessées. Ce sont les mains de cet ami de l'une de ses soeurs qui est venu l'aider à aménager son nouvel appartement. Ce sont des mains de guérisseur blessé. La présence de cet ami fort terrestre amène dans sa vie quotidienne un nouveau contact avec la matière. C'est ainsi que mes passages trop courts à l'intérieur de son enveloppe physique commencent à réanimer petit à petit les mémoires endormies des cellules de son corps. Leurs âmes se facilitent la résurgence d'autres vies portant, bien sûr, des espaces de lumière, mais aussi des espaces de douleurs, de blessures non guéries. J'opte pour un traitement choc. Je leur insuffle à tous deux, au cours d'une visite dans la Vallée de Sutton, une vision parallèle.

---

[*]   *GEO*, op. cit.

[**]   *Livre des Morts*, op. cit.

- Que dirais-tu d'un voyage en Irlande la semaine prochaine?

Aussitôt dit, aussitôt fait. Une porte s'ouvre, un avion les y emmène, une terre de gloire et de guerre les accueille au milieu d'une nuit humide et brumeuse. Je sais que leur relation sera tissée de passions et de peines car un des buts de leurs retrouvailles est d'identifier les blessures d'une tranche de leur passé marqué par la lourdeur de l'Inquisition. Sans le savoir, elle vient de mettre le pied sur le sentier qui l'amènera à re-choisir son incarnation.

Elle est au seuil du Chemin qui lui permettra de s'engager envers moi, envers son corps, envers la Terre où elle se sent encore exilée. Tel Le Petit Poucet, j'ai semé des cailloux sur sa route qui deviendront autant de lumières pour l'éclairer. En cours de route, Le Petit Poucet se transformera en Petit Prince et rouvrira la Voie du Coeur.

Les cailloux la conduisent dans un bureau, à l'étage supérieur d'une boutique de cristaux et de pierres semi-précieuses. Elle a rendez-vous avec un hypnothérapeute pour une première session de régression dans mes vies passées. La voix l'hypnotise progressivement :

- Descends de plus en plus profondément à l'intérieur de toi.

Je survole différentes vies de mon passé.

- Je suis en 1236, année où je fais le Passage à la fin de 36 ans d'incarnation. Je suis une jeune religieuse vivant au coeur d'un monastère où j'ai la Joie de m'occuper des fleurs et des jardins.

Je continue de survoler d'autres vies jusqu'à ce que je me retrouve en face d'une présence gigantesque : un personnage masculin vêtu d'une large tunique. Il se présente comme étant Abraham. Je sais qu'il s'agit de la présence symbolique d'Abraham, car il est trop vaste. Il s'adresse par télépathie à moi en me nommant Sarah. Il me demande de m'approcher. Je m'approche. Au centre de son plexus, il y a une serrure au milieu d'un cercle d'or massif. Au centre du cercle, une immense clé d'or très lumineuse est insérée dans la serrure.

- Cette clé est la clé d'Aaron, dit-il.

Il m'invite à tourner la clé dans la serrure. Je le fais.

À l'instant, je suis aspirée à travers la clé, la serrure et le cercle vers l'espace infini. Je vois défiler à vive allure, de chaque côté, des milliers d'étoiles. Je me fonds dans l'espace pendant un temps sans limites. Du fond de l'univers, une voix m'appelle :

- Sarah... Sarah...

La voix parle, pose des questions, émet des sons, me parle des 144 000, du Christ... je ne comprends plus rien. Je suis revenue totalement dans son corps, dans chacune de ses cellules.

Nous fusionnons à nouveau. Je suis Sarah. Elle ne sait plus qui elle est. Diane porte en elle Sarah. Sarah est à l'intérieur et autour de Diane.

L'hypnothérapeute scelle les noces alchimiques. Sarah Diane se met au monde, se donne naissance. Sarah est le nom de son âme. Sarah est mon nom. Je renais en 1987.

ORION

Les portes du ciel sont ouvertes. J'ouvre mes yeux qui étaient fermés. J'allonge mes jambes qui étaient contractées. Je redresse mes cuisses qui étaient jointes. J'aurai du pouvoir en mon coeur, j'aurai du pouvoir dans mes bras, j'aurai le pouvoir de faire tout ce que je désire. Mon âme et mon corps ne seront pas retenus dans les portails où j'entre et ressors en paix*.

Placez les bâtons-mousse de chaque côté de votre colonne vertébrale et laissez votre dos se déposer en douceur... pliez vos genoux et écartez vos jambes à la largeur de votre bassin... respirez profondément... ouvrez les bras...

La voix douce et calme de son professeur d'Antigymnastique, l'amène facilement dans un état de détente au cours de cette première leçon.

- L'Antigymnastique, a-t-elle expliqué au groupe au début du cours, vous permet de mieux vous enraciner sur Terre en vous aidant à prendre conscience de votre corps. Les mouvements éveillent en douceur les mémoires, les émotions logées dans votre corps et vous permettent de les libérer.

Elle se laisse bercer par la voix du guide. Soudain, en un éclair, je me retrouve dans un espace de cristaux géants qui s'élèvent tels des colonnes de lumière. Je suis assise en position de méditation sur la tête de l'un de ces cristaux. Devant moi, dans la même position, un homme sans âge me regarde. Ses cheveux courts sont noirs, ses yeux sont des émeraudes étincelantes. Il porte un vêtement vert émeraude tout aussi brillant. Nous sommes là, assis l'un en face de l'autre, nos regards s'interpénètrent.

- Et maintenant, vous enlevez la balle-mousse et revenez doucement, à votre rythme, dans la pièce. Préparez-vous à poursuivre vos activités, votre soirée.

---

*　　*Livre des Morts,* op. cit.

Le professeur la regarde et esquisse un sourire amusé.

- Bienvenue sur Terre! dit-elle en riant.

La leçon a duré 1 h 30 et elle n'a rien entendu. En un éclair elle se souvient de la rencontre au pays des cristaux. Elle raconte ce qui s'est passé. Tout le monde est pris d'un fou rire.

- En principe, ces mouvements enracinent, mais il faut croire qu'il y a des exceptions!

Sur cette note d'humour se clôt un premier contact avec cette technique d'enracinement pour son corps d'incarnation. Un signe de jour, un de ces événements en apparence banal, mais souvent mystérieux et significatif, lui permet de comprendre que ceci marque la fin d'une période et le début d'une autre. Sa bague d'argent et d'ivoire s'est dématérialisée au cours de cette première session d'Antigymnastique!

Quelques mois plus tard, elle s'inscrit aux formations dispensées par le Centre Orion. C'est ainsi qu'elle débute une nouvelle vie professionnelle, en se familiarisant avec les outils du corps intérieur : l'Imagerie mentale et l'Antigymnastique. Elle découvre, non seulement son univers intérieur, mais les capacités infinies de cet univers.

À son insu et avec son aide, je réapprends mon histoire et mon essence. Quelle merveille pour une âme de sentir l'appui et la collaboration de son enveloppe physique et de sa personnalité! Qui serais-je sans le support de mes acolytes qui me permettent de vivre et de m'exprimer dans une réalité plus dense, plus tangible, dans un Dieu devenu matière? Je rêve du jour où «je» exprimera l'harmonie de la trinité corps-âme-ego. Au fil des mois, je réapprends qui je suis, je réveille mes capacités endormies. Je sais guider des rituels, accompagner d'autres êtres dans des voyages intérieurs.

- À présent, rendez-vous dans un endroit de rêve... Observez ce qui vous entoure. Écoutez les sons... Respirez les parfums...

Elle me donne une voix, une nouvelle voix, et me cède la parole. Quel bonheur lorsqu'elle se calme, ajuste ses cordes vocales et laisse monter les sons, les mots, du creuset de son ventre!

- Installez-vous confortablement... Fermez les yeux... Laissez vos pensées circuler librement comme des nuages... Détendez les muscles de votre visage...

Cette voix qu'elle me donne ne s'adresse plus à l'extérieur agité et haut perché, mais à un monde intérieur beaucoup plus fluide et calme.

Elle danse de plus en plus habilement dans l'énergie de cette autre réalité, ce monde dit invisible, où j'habite en toute réalité.

- Installez-vous en toute confiance dans votre sanctuaire... Laissez venir à vous...

J'ai cru longtemps que je ne l'habitais que lors de moments privilégiés. J'apprends maintenant que je vis en elle depuis le début, car elle porte en ses cellules non seulement les mémoires de son héritage génétique, mais aussi l'hologramme de mon essence. Je suis elle et elle est moi depuis toujours. Nous sommes.

L'ORACLE

Ô Unique! Tu as préparé tous les meilleurs sentiers qui mènent à Toi.

Arrive exactement à l'heure au rendez-vous, insiste l'oracle, lorsqu'elle prend rendez-vous par téléphone. Il est 11 h 00, le 22 octobre 1987. Elle sonne à la porte de son bureau, à l'heure précise.

- Quelle folie m'a poussée à refuser un voyage-cadeau en Hollande, avec ce groupe de journalistes? se demande-t-elle. Qu'est-ce qui m'a amenée à préférer cette consultation avec un inconnu dont je n'ai entendu parler qu'une seule fois?...

Elle ignore que j'ai une fois de plus tout organisé, car je sais que cette rencontre est initiatique et que nous y recevrons de l'information importante. De plus, c'est le jour anniversaire de mon incarnation sur Terre à travers son véhicule.

Elle est perdue dans ses pensées lorsqu'il ouvre enfin la porte et l'invite à entrer. L'appartement est sobre, dénudé et clair obscur. L'oracle est un magnifique jeune homme de 30 ans, au corps souple de félin, aux cheveux longs très noirs. Il porte de nombreux bijoux sertis de pierres et il a l'allure d'un Indien Navajo du Nouveau-Mexique. Elle se sent bizarre, juchée sur ses talons aiguilles, vêtue de son classique tailleur safari. Il l'invite à s'asseoir en face de lui.

- Décroise les bras et les jambes afin que l'énergie circule bien entre nous.

Elle tremble à l'intérieur de son plexus.

- La transe sera enregistrée sur cassette audio et durera une heure, lui indique-t-il. Tes guides vont me transmettre l'information. Je la recevrai et te la communiquerai.

---

*   *Livre des Morts*, op. cit.

En tout premier lieu, il la guide dans une méditation d'une vingtaine de minutes :

- Visualise la couleur rouge rubis du chakra de ta base... la couleur orange brillant de ton hara... le jaune soleil de ton plexus... le vert émeraude de ton coeur... le bleu ciel de ta gorge... le violet lumineux de ton troisième oeil... le blanc doré de ta couronne... Ces couleurs forment une grande spirale qui tourne autour de toi...

Au son d'une douce musique, la spirale m'emporte au-dessus de son corps physique détendu, où je me retrouve avec des êtres que je reconnais. Je retrouve la Chaleur aimante, la Joie Pure et la Lumière de mes guides, de ma famille. Je suis très émue. Je les entends parler à l'oracle qui lui transmet les messages :

- Ce sont d'abord les couleurs jaune et vert qui viennent vers toi. Ce sont des couleurs de guérison, guérison du coeur et des émotions. Tu as eu des moments très difficiles dans le passé, mais tu es née pour évoluer et croître, et tu dépasseras ceci, explique-t-il.

Il poursuit avec calme.

- J'ai devant moi tes guides. Je vois l'ange Raphaël qui se présente dans la lumière bleue. C'est ton guide durant ton sommeil. Il te dit de remarquer, de comprendre et d'écouter tes rêves, car ils t'apporteront beaucoup d'informations. Puis je vois une femme du nom de Tania. Elle se présente dans la couleur verte. Elle te dit d'apprendre à utiliser les plantes et les fleurs pour te guérir. Il y a aussi une petite fille, Rose, qui t'apporte un cadeau et une fleur, une rose. C'est ton guide de Joie. Sache que l'on t'appelle Rose dans l'esprit.

Il prend une courte pause avant de continuer.

- Puis il y a un guerrier du nom de Waktagali, qui se présente dans la couleur rouge. C'est ton protecteur. Il dit de ne rien craindre quand tu te déplaces, car il est toujours là pour te protéger. Il y a également Louis Braille qui vient vers toi. Il te dit de te fier à tes intuitions, même si tu as l'impression d'être dans le noir et de ne plus rien voir. Il te suggère de lire sa biographie. Finalement, il y a le maître Akasha, le maître du temps, qui dit que les capacités de médium sont là pour toi. Il te suggère d'apprendre à utiliser ton troisième oeil.

Il cesse de parler quelques instants, au cours desquels il semble en réunion avec ces êtres.

- Tes guides te conseillent de lire moins sur la spiritualité et davantage sur la psychologie du comportement humain. De lire également les ouvrages du maître Hilarion. Ils t'informent que des énergies de l'Europe viennent vers toi, particulièrement de Paris. Ils mentionnent, entre autres, les noms de Jean-Pierre et de Gérard. Le nom de Jacques, également, qui t'aidera dans le plan terrestre. On te demande de travailler avec la couleur et l'énergie, de développer les capacités de guérison de tes mains et de travailler dans l'eau. Il est temps que tu rassembles tout ce que tu sais et que tu le mettes en marche pour une bonne cause.

La transe est terminée. L'oracle se balance d'avant en arrière et revient progressivement à la conscience terrestre. Elle fait de même. J'ai plus de mal qu'eux à quitter mes guides. Maintenant que je connais le Chemin, je sais que je les reverrai.

- Je te recommande de ranger la cassette de la séance et de ne l'écouter que dans deux mois, afin d'intégrer le message, sinon la manifestation de l'information sera retardée dans le temps terrestre, lui dit-il avec insistance.

Elle règle la séance et quitte l'appartement, se sentant un peu zombie.

Évidemment, elle fait fi de ses recommandations et se précipite sur la transcription de la cassette dès son retour. De sorte que la plupart des événements annoncés se sont produits plus tard et se produisent encore aujourd'hui...

*Ceux qui étaient endormis se lèvent et vous re-
gardent; ils respirent l'air, ils voient votre visage
brillant comme le disque solaire à l'horizon, leur
horizon.* Leurs coeurs sont en paix à cause de ce que
vous avez fait, car à vous appartient l'éternité et
l'éternel[*].

L a médium est assise en face d'elle. À ses côtés, une amie la dirige en transe et l'aide à pratiquer l'auto-hypnose par induction. Des années d'habitude à quitter son corps et une facilité d'abandon à son monde intérieur et à l'inconnu lui permettent d'accéder rapidement et profondément à la transe médiumnique. Elle a le privilège d'assister à l'une des premières transes avec invités données par la médium, depuis que des entités la canalisent. L'atmosphère est détendue, calme, empreinte de cette qualité de prière et de silence que l'on retrouve lors des rituels dans les lieux sacrés. Ce n'est pas la première fois qu'elle assiste à une transe d'un médium par incorporation, mais cette rencontre revêt un caractère inhabituel. Les formules d'induction dansent.

- Nous sommes la Lumière. La Lumière est en nous. La Lumière passe à travers nous. La Lumière nous entoure. La Lumière nous enveloppe. La Lumière nous protège. Nous sommes la Lumière.

La médium a les yeux fermés et semble complètement abandonnée à cette Lumière. Un large sourire illumine son visage. Ses mains gracieuses esquissent des mouvements de prière entre le Ciel et la Terre. Des entités, par sa bouche, nous saluent :

- Sarah, nous vous souhaitons bienvenue dans nos vibrations!

Aujourd'hui, elle est la seule invitée. Ces entités parlent d'Amour et de Lumière.

---

[*]   *Livre des Morts,* op. cit.

- Sarah, nous vous invitons à rester en contact avec votre Essence Divine à tous les moments de votre quotidien. Nous vous invitons à dialoguer avec votre âme le plus souvent possible.

Je m'en réjouis. Au fil de la rencontre, son coeur s'élargit et se remplit de Joie et de Chaleur aimante.

Soudain, une porte s'ouvre entre ses sourcils et la perception qu'elle a de la médium se transforme. Une lumière dorée dessine un large collier brillant sur sa cage thoracique. Son visage se métamorphose en de multiples visages, tous plus androgynes et lumineux les uns que les autres. Les cheveux changent de couleur au passage des visages. Elle est éblouie.

La lumière dorée entoure maintenant tout son corps, créant une aura étincelante. Elle prend de l'expansion et remplit tout le salon du vaste appartement. Elle contemple la lumière or qui vacille entre les larges fenêtres et le fauteuil sur lequel elle est assise. Tout est or et lumière.

Au bout de quinze minutes de silence et de contemplation, elle ose demander :

- Que se passe-t-il?

Les entités sourient davantage, rient même.

- Vous avez tout simplement ouvert votre troisième oeil pour nous voir. Désirez-vous augmenter le volume?

- Non merci! C'est tout à fait suffisant pour aujourd'hui!

Tout en étant étonnante, cette vision est pourtant familière. Une impression de déjà vu, une mémoire ancienne qui se réveille et se grave à jamais dans les couloirs de son troisième oeil. Une mémoire-expérience qui offrira souvent, au cours des années à venir, un baume sur ses rapports avec l'Autre réalité.

LA TRANSE

Je suis l'Illustre qui crée sa propre Lumière![*]

Elle ferme à clé la porte de son bureau et place une note à l'extérieur : MÉDITATION - OCCUPÉE. Elle laisse au seuil de la porte toutes ses activités de la journée ainsi que son armure de guerrière qui lui permet d'accomplir son travail de professeur au sein de ce monde militaire où je l'ai envoyée rencontrer le pouvoir extérieur. Elle s'assoit en position de méditation sur une chaise coussinée confortable. Elle a allumé une bougie et un bâton d'encens. Le parfum doux de l'encens se marie aux ondes du mantra tibétain « OM », chanté en choeur par des moines.

Elle prend le temps de se centrer et de s'intérioriser. Elle laisse son mental s'apaiser. Les images de la journée défilent dans son troisième oeil, tels des nuages poussés par le vent : la circulation bouchonnée sur l'autoroute; le capitaine qui engueule ses soldats; les murs de béton de la base militaire; son compagnon qui lui fait la gueule parce qu'elle s'isole pour méditer; le loyer à payer; son fils qui déteste le collège. Le calme s'installe enfin comme une rivière limpide qui coule. Elle se retrouve tout à coup dans un lieu magnifique, où elle se ressource et élève ses vibrations en s'éloignant de l'attraction terrestre. Elle se prépare ainsi tous les jours, depuis qu'elle a choisi de développer l'état de transe par autohypnose. Certains le nomment processus de médiumnité, peu importe.

- Nous sommes tous médiums car nous avons tous accès à notre Moi supérieur, écrit-elle à ce sujet, dans une revue populaire.

Je suis ravie de ce choix, car je sais que ce temps qu'elle s'accorde, tous les jours, dans le silence et l'isolement, va créer en elle un Passage entre la Terre et le Ciel. Passage que je pourrai emprunter pour retrouver le Chemin et le lui enseigner à mon tour. Sans moi, elle n'a pas accès au Ciel. Sans elle, je n'ai pas accès à la Terre.

---

[*]   *Livre des Morts*, op. cit.

Par la suite, elle nomme et visualise les couleurs de ses chakra qui s'alignent le long de ce Passage comme des phares indicateurs. Rouge... Orange... Jaune... Toutes les couleurs de l'arc-en-ciel s'illuminent l'une après l'autre. Puis elle fait une prière.

- Je demande la protection de la Lumière, de mes guides, de la Source.

La première étape qu'elle nomme le «corps baromètre» est une forme de médiumnité très reliée à la Terre, donc vérifiable. Une période d'apprivoisement, en quelque sorte. La technique est simple : juxtaposer son corps physique sur la carte du monde et ressentir les résonnances; puis, détecter les signaux kinesthésiques.

- C'est ainsi que j'apprends à reconnaître, par exemple, une éruption volcanique au Japon, par une migraine intense accompagnée de vertiges, confie-t-elle à un ami; un tremblement de Terre en Californie, par une douleur vive dans la poitrine; l'éclatement de conflits au Moyen-Orient, par des pertes sanguines; un feu qui ravage l'Amazonie, par une intense montée de fièvre dans les bras. Et beaucoup d'autres signaux que je peux par la suite vérifier dans les journaux, à la radio, à la télé.

Au bout de quelques mois, cependant, elle abandonne cette forme de canalisation, car elle n'en voit pas l'utilité. Elle constate que ce fut une période de préparation afin de l'amener à se faire confiance et à s'ouvrir davantage à ce qui venait par la suite. La seconde étape consiste à recevoir, dans son canal, les «entités» que certains appellent le Moi supérieur ou Moi divin. Au début, toute la communication se passe par télépathie. Elle note ce qu'on lui transmet, de façon automatique. Parfois elle se risque à laisser utiliser ses cordes vocales et, alors, elle enregistre la communication sur magnétophone. Elle est maintenant prête à les accueillir comme chaque soir. Ils arrivent toujours de la même façon, à sa droite, un peu derrière, en émettant un son ressemblant au son électrique des fils téléphoniques et des fils transmetteurs d'électricité, un son que certains ont nommé *ECK*.

- Nous sommes Les Immortels, se présentent-ils, la première fois, à travers le stylo de l'écriture automatique.

Ils mesurent au moins 3 mètres. Ils sont vêtus d'un manteau de lumière lavande violet lumineux, très pâle.

- Nous avons déjà été vos maîtres spirituels dans d'autres incarnations. Nous revenons vous accompagner un certain temps si vous le choisissez.

Les Immortels accomplissent sur son corps un travail spécifique. Ils manipulent d'abord sa tête, en lui faisant accomplir de multiples rotations sur elle-même, afin d'assouplir sa nuque. La gorge est le passage le plus étroit du canal qui accueille les entités désirant incorporer un humain. Elle doit s'élargir pour laisser entrer les entités qui veulent s'installer dans l'enveloppe. Puis, ils font faire autant de rotations à son tronc et ses bras; ils l'obligent à décroiser ses jambes afin que ses pieds touchent le sol et qu'ils se sentent bien enracinés sur Terre. Ce rituel d'ajustement corporel est essentiel au bon déroulement de la transe. Le plus important est le déploiement de l'antenne parabolique immense qu'elle porte sur la tête, son chakra coronal.

- Cette antenne, expliquent-ils, tel un poste émetteur-récepteur, capte des informations provenant de la Terre et bien au-delà de la Terre, dans le vaste espace infini.

Une fois cette antenne déployée, ils ouvrent sur 360° le faisceau de sa conscience, dont le rayon principal traverse en ligne droite oblique le troisième oeil, la glande pinéale et l'occiput ou chakra de la lune.

- Nous sommes venus vous montrer la Voie Ultime, la Voie du Coeur, écrit-elle.

Des pages de notes s'accumulent au fil des mois, toutes plus riches d'informations les unes que les autres. Elle est toujours étonnée de les relire et surprise de ne se souvenir consciemment que d'une partie de ces transmissions.

- Je ressens de plus en plus ma connexion entre le Ciel et la Terre et je reconnais ma capacité à étirer ma conscience et mon canal de plus en plus loin, confie-t-elle à une amie.

Au bout d'un an environ, elle leur demande de ne plus l'habiter.

- Je vous remercie du travail accompli. Je vous invite à demeurer tout près, en périphérie, si vous le choisissez.

Elle choisit de ne plus pratiquer la transe par incorporation.

- Je choisis de vivre ma vie en direct et non par entités interposées. Je choisis de vivre MA vie, répète-t-elle.

Pour la première fois, elle me demande consciemment d'être la seule à l'habiter, moi l'âme, la seule à utiliser son enveloppe physique, la seule à la canaliser.

- Je choisis de canaliser la sagesse de mon âme, de ma partie divine, MA sagesse, sans toutefois me fermer au contact et à la sagesse des êtres de l'Autre réalité, conclut-elle.

Certains lui disent qu'elle résiste et se ferme à la médiumnité en choisissant de ne plus canaliser, qu'elle refuse de rencontrer ses mémoires de vies passées de médium blessé. D'autres lui confirment qu'elle vient d'éveiller la communication avec le Soi, la partie Divine de son être qui se manifeste souvent sous la forme d'archétypes. D'autres encore lui lancent qu'elle fabule et a trop d'imagination.

- Quant à moi, je suis reconnaissante aux Immortels, fussent-ils extérieurs ou partie d'elle, car son temple sacré, son corps, est beaucoup plus spacieux et lumineux maintenant et je peux m'y complaire.

Quelques semaines plus tard, lors d'une rencontre avec un ami médium, il lui est confirmé qu'ils sont toujours près d'elle et qu'ils l'inspirent et la guident. On lui révèle même le nom du porte-parole des Immortels : Zhu, un nom chinois, paraît-il.

- J'étais même persuadé, durant ma méditation pré-transe, que vous étiez deux personnes à venir en consultation! ajoute-t-il, incrédule devant le fait qu'elle soit seule.

Au cours de cette rencontre, les entités canalisées par cet ami, les *Trans-Formers*, lui annoncent un événement qui aura de l'impact en temps voulu :

- Les gens n'ont pas peur de la Mort, mais de l'Inconnu. Quand vous mourez, vous retournez dans la maison d'où vous êtes venus. Les individus doivent apprendre à entrer dans la Lumière, à être dirigés vers la Lumière. Il y a des sages-femmes pour aider les individus à arriver sur Terre, il y en aura pour les éloigner de la Terre. Il y a déjà des centres pour ces rituels de Passage. Quand vous quittez la Terre, vous retournez vers votre famille. Vous serez l'une de ces sages-femmes et vous créerez l'un de ces centres.

Cependant elle n'entend pas cette information et l'occulte sur le champ. Il existe un temps pour chaque chose... Il existe une saison pour chaque chose...

LE MAÎTRE RÊVEUR

Celui qui est Radieux revient après s'être éloigné,
Lui qui voit dans la nuit ce qu'il ramènera au jour[*]*.

- **B**onjour rêveuse!

C'est ainsi que plusieurs lui adressent la parole. Depuis une quinzaine d'années, elle écrit fidèlement ses rêves dans des cahiers qui dorment en entrepôt.

Elle ne les comprend pas toujours.

- Écris-les et date-les, lui conseille ma voix en elle.

Parfois elle y ajoute des dessins ou des notes d'événements importants de sa vie. Elle a pris l'habitude de laisser macérer en elle, toute la journée, le rêve de la nuit, de s'en imprégner, de se fondre doucement dans son énergie.

- Je ne connais pas la clé des songes, mais je les aime follement, répond-t-elle lorsqu'on lui raconte un rêve.

Il lui semble souvent que ses rêves sont sa vraie vie éveillée et que sa vie diurne est un grand songe endormi.

- Selon moi, les rêves sont la voix du divin qui nous parle durant la nuit et ils méritent le plus grand respect, se plaît-elle à raconter. Les rêves, même les plus cocasses et les plus cauchemardesques, sont différents messages de Dieu voulant nous informer de quelque chose d'important que je n'arrive pas encore à décoder.

Jusqu'au jour où...

Elle est assise à la gauche du maître rêveur. Tous les participants forment un cercle au centre de la pièce. Tous sont au sol, en position de méditation.

---

[*]   *Livre des Morts,* op. cit.

- Je vous souhaite la bienvenue en ce samedi matin montréalais, annonce-t-il avec un délicieux accent d'Europe de l'Est.

Sa prestance, sa voix profonde, invitent au silence et à l'écoute. Tout son être crée un espace sacré. Elle sait que ces premières minutes en sa présence marqueront sa compréhension de la psyché à jamais. Chacun se présente à tour de rôle. Bien que peu de mots soient échangés, ils sentent que chacun est et sera toujours un être important à ses yeux. Il a ce don des grands maîtres et des grands sages d'accueillir l'autre comme un maître et un sage, comme un parfait miroir. Il a aussi l'humilité des véritables maîtres à ne pas se déclarer lui-même maître. Immédiatement, elle sent ce respect qu'il a pour chacun, qui est même parfois plus grand que le respect que chacun a envers lui-même. Auprès de lui, tous se sentent déjà grandis, déjà meilleurs, déjà divins.

À son tour il se présente. Telle une enfant à qui l'on raconte une histoire, elle écoute ses péripéties.

- Je me suis exilé de la Roumanie pour venir au Canada où je suis devenu metteur en scène. En Suisse, comme bien d'autres, j'ai découvert la science de Carl Jung.

Elle est heureuse d'apprendre que non seulement il enseignera l'Interprétation du Langage symbolique de l'Inconscient selon Carl Jung, mais également les Signes de Jour, l'Imagination active, le Yoga psychologique et les Contes de Fées. Elle sera à ses côtés durant deux années pour un apprentissage intensif des avenues inconnues et mystérieuses de l'inconscient. Il se plaît à répéter :

- La seule langue étrangère que chacun devrait apprendre, c'est le langage de l'inconscient.

Grâce à lui, elle apprend à mieux communiquer avec moi. Je ne connais pas le langage rationnel de son cerveau gauche. Je connais le langage des symboles, des images, des couleurs, des atmosphères de son cerveau droit. Maintenant qu'elle a choisi que je l'habite en entier, il nous faut apprendre à parler le même langage.

- Les rêves écrits qui ne sont pas interprétés sont comme des lettres qui ne sont pas postées, se plaît-il à dire.

Je peux donc continuer à lui envoyer des messages la nuit, sachant que nous nous comprendrons de mieux en mieux.

Il lui enseigne ce qu'il nomme la Géographie de l'âme. Je suis aussi attentive qu'elle, car je retrouverai sans doute plus facilement le Chemin grâce à ses indications.

- La structure psychique de l'être se divise en de multiples parties, explique-t-il. Le moi, la persona, l'ombre, l'animus, l'anima, le Soi et l'inconscient collectif en sont les principales. Lorsque vous apprenez le langage de l'inconscient à travers vos rêves, vous apprenez à décoder les symboles représentant chacun de ces aspects. Tous ces aspects baignent dans l'inconscient collectif qui crée l'atmosphère du rêve et influence l'environnement dans lequel il se déroule.

Il se moque parfois en disant :

- Dites-moi à quoi vous rêvez, je vous dirai qui vous êtes!

Il continue sur un ton plus sérieux.

- Si les rêves sont principalement présents pour informer le rêveur de son chemin d'évolution, ils ont aussi bien d'autres fonctions : télépathie, intuition, solution, guérison, initiation, prémonition, entre autres. Nous venons à peine de redécouvrir la science des rêves, car elle fut bannie durant de nombreux siècles à partir de l'Inquisition. Les rêves, à cette époque, étaient considérés comme l'oeuvre du diable, tout comme les pratiques naturelles de guérison, l'astrologie, l'alchimie et ainsi furent condamnés par les grands papes Inquisiteurs.

Elle frissonne en écoutant ces mots. Elle ressent le froid tout le long de sa colonne vertébrale. Des images de «Chasse aux sorcières» défilent devant ses yeux.

- Depuis longtemps les humains utilisaient la sagesse des rêves pour se guider. Les pharaons avaient leurs interprètes personnels...

Elle sourit en pensant à toutes les divas politiques, artistiques et ésotériques de la Terre... Peut-être seraient-ils plus sages d'avoir leurs interprètes de rêves...

- Tous les peuples dits primitifs avaient et ont encore leurs chamans sorciers. Les Grecs et les Romains avaient leurs oracles. Dans la

Bible, on retrouve en abondance les songes et les visions des prophètes. Les rêves méritent tout notre respect, car ils sont la voix de Dieu en nous, nous informant et nous guidant. Prenons modèle sur les peuples anciens et rapprochons-nous du Divin à travers les rêves et les signes de jour dont notre vie est parsemée!

Elle est si passionnée par l'apprentissage de cette nouvelle langue, qu'elle apprend à une vitesse folle. Il était plus que temps, car elle était plus que prête.

Elle fait danser sans relâche les grands symboles modernes : automobiles, animaux, maisons, bébés, enfants et tant d'autres. Elle se plaît à les décortiquer, les analyser et Eurêka! les comprendre. Elle retrouve non seulement la clé des songes, mais une clé importante pour son évolution, la mienne et celle de tous ceux qu'elle guidera au cours des années à venir. Il lui arrivera même, dans certaines circonstances, de canaliser en direct le message d'un rêve et de ne pouvoir en révéler le contenu au rêveur qui n'est pas prêt à le recevoir.

Sa plus grande découverte, celle qui la conduira sur le chemin de guérison primordial, est l'apparition en rêve de son enfant intérieur. Un petit garçon de 4 ans, au visage de vieillard, au crâne leucémique. À l'arrière de la tête, il a un grand trou noir, le grand trou noir des mémoires occultées les plus lointaines...

PUNK LOVE

*J'ai creusé le ciel, j'ai attrapé l'horizon, j'ai traversé
la Terre jusqu'à ses extrêmes, j'ai pris possession
des esprits des Illustres, parce que je suis celui qui
équipe les myriades de magie*[*].

l est 20 h 30. Elle rentre un peu plus tard du boulot après avoir partagé un repas avec des amis. Elle gravit les marches de l'escalier conduisant au deuxième. L'air est opaque et vibrant. Elle reconnaît la lourdeur de la colère et de la violence. Elle doit pousser très fort pour ouvrir la porte obstruée par les bagages.

- Que se passe-t-il?

Son coeur bat plus vite. L'adolescent révolté serre les dents et les mâchoires. Ses yeux lancent des flammes de dragon. Sa crinière rousse est hérissée.

- Je fous le camp! J'en ai marre de vous deux! Je retourne chez mon père!

Elle ne respire plus. La vie s'écoule d'elle à petites gouttes. Tout va trop vite. Le père arrive. Les valises descendent l'escalier. Son fils lui tourne le dos. Elle suit du regard une veste de cuir noir peinte d'un crâne squelettique rouge orangé et jaune en plein centre du dos. C'est le début d'une série de nuits d'angoisse qui ajouteront à ses cheveux châtains des mèches blanches.

La nuit noire de la séparation devient sa fidèle compagne. La mère en elle souffre, se sent trahie, abandonnée, coupable. La rébellion et la révolte remplacent l'amour qu'avait son fils envers elle. Elle se sent incapable de supporter ce vide, cette absence. Elle prie. Elle joint ses prières à celles de toutes les mères d'adolescents révoltés de la Terre. Elle unit ses prières à celles de tous les parents qui se jugent mal-aimants ou mal-aimés et se condamnent ou condamnent. Elle prie

---

[*] *Livre des Morts*, op. cit.

avec tous ceux-là qui n'ont pas vu venir le raz-de-marée et expérimentent l'échec et le désespoir, avec tous ceux-là qui sont profondément testés dans leur capacité d'amour inconditionnel.

Au fil des semaines, elle commence à retrouver un peu de calme intérieur, ce qui lui permet de m'écouter de temps en temps.

- Lâche prise et fais confiance. Abandonne-toi à la Grâce Divine et à l'énergie d'Amour que tu éprouves envers l'âme de ton fils. Comprends que ceci est un Passage, difficile certes, mais transitoire pour tous les deux. Ton fils doit vivre ce rite de Passage auprès de son père, tel qu'il se pratiquait en d'autres temps. Accompagne-le sans juger, sans condamner, dans l'Amour et l'ouverture du coeur et de la communication.

Avec un peu plus de détachement, elle observe le déroulement de ce rite de Passage. Les événements se suivent, tous plus confrontants les uns que les autres : des nuits passées dans les bars punks ou sur le trottoir; les coupes de cheveux à l'Iroquoise; les teintures flamboyantes; les vêtements d'itinérance; les absences à l'école; les convocations des autorités. Elle observe tout ceci à partir d'un espace de plus en plus neutre en elle et maintient la communication, les rencontres et l'amour.

- Veux-tu passer une journée avec ma bande, pour leur enseigner les rêves, l'imagerie mentale et surtout... le voyage astral? lui demande-t-il un jour, à son grand étonnement.

Elle est folle de joie au début, mais se met à douter à mesure que le jour du rendez-vous approche. Pour la circonstance, elle a loué une grande pièce au rez-de-chaussée d'une maison de pierres tricentenaire du Vieux-Montréal, histoire de créer une atmosphère *underground*. Elle arrive tôt, en ce dimanche matin, afin de méditer et de se préparer à les accueillir. Elle a fixé une heure de rendez-vous mais elle s'attend à des retards. On sonne à la porte. Déjà! Ils sont à l'heure! Ils entrent les uns à la suite des autres, presque une vingtaine, tels des Amérindiens à la file indienne. Ils portent leurs plus beaux panaches et leurs plus extraordinaires costumes de jeans et de cuir noir. Elle frissonne d'incertitude. La plupart n'ont pas dormi de la nuit. Ils ont veillé dans les discos, sur le trottoir et dans les ruelles comme tous les samedis soirs.

Ils s'installent en cercle, en silence. Elle est encore plus impressionnée. La plupart ont fumé le calumet de Paix toute la nuit. Elle le devine à leurs regards de béatitude heureuse. La voici assise au milieu des ados parias de cette ville, ceux-là que l'on craint et rejette tout à la fois. Elle prend une profonde inspiration et s'adresse à eux sans préambules :

- Vous savez que ce n'est pas la première fois que vous revenez sur cette planète, la Terre... Vous avez beaucoup plus d'expériences et de connaissances que vous ne le croyez... Vous êtes des guerriers et des guerrières... Vous êtes revenus pour aider la Terre et les Terriens en cette fin de siècle... Vous allez faire une différence dans le monde au moment où le monde sera en transit, car vous êtes revenus librement pour aider à la survie de l'humanité...

Les mots sont sortis sans réflexion préalable, tout naturellement comme une grande vérité. Ils écoutent, amusés, mais je sais que leur coeur a compris. Nous débutons l'échange par les rêves. Manu dit qu'il a rêvé à plusieurs de sa bande.

- Ils étaient tous torse nu et ici, dans la région de l'estomac, ils étaient tous blessés, comme brûlés vifs...

Elle bondit sur l'occasion pour expliquer ce que sont les chakra et à quoi ils servent. L'exemple de ces plexus solaires, sièges des émotions, blessés par cette vie et bien d'autres, est un exemple parfait pour illustrer ce qu'elle veut leur communiquer.

- Les chakra sont comme des soleils, des centres d'énergie plus ou moins en forme de cônes, tournant sur eux-mêmes comme des spirales. Ils sont très nombreux et localisés dans le corps ou autour du corps. Leurs fonctions et leurs couleurs varient selon l'endroit du corps où ils sont situés. Vous pouvez les ressentir en plaçant votre main comme ceci à quelques centimètres du corps, explique-t-elle en faisant le geste.

Comme s'ils l'avaient toujours fait, ils ferment spontanément leurs yeux et laissent leurs mains se placer d'elles-mêmes aux bons endroits. Elle prend le temps de les regarder intensément. Elle sait que les ados détestent qu'on leur présente quelque chose comme étant LA vérité. Elle explique les chakra en utilisant leurs corps comme sujets.

Elle aurait tant aimé recevoir ce genre d'enseignement à l'école! Elle aurait perdu moins de temps et d'énergie à décortiquer des formules mathématiques abstraites et des analyses littéraires de textes insipides, mortels d'ennui, consacrés par le Conseil octogénaire de la Langue française.

Elle continue à danser à travers les rêves et surtout leurs rêves. Elle constate que tous sont conscients de faire des sorties du corps la nuit et de voyager dans divers espaces. Leurs facultés psychiques sont déjà développées, bien au-delà de celles des générations qui les ont précédés. Loin d'être des rebelles ignorants, ils sont de vieilles âmes, d'anciens maîtres qui, en ce moment, à travers ce passage hormono-social, canalisent mal leur énergie, tout simplement.

Tout en poursuivant le dialogue, elle se rend compte que l'un d'eux est demeuré en retrait du groupe et se contente d'observer de loin. Elle le provoque et lui demande s'il a un rêve à partager. Son corps est fermé et il croise les bras sur son plexus solaire. Il raconte un rêve dont son père est le héros :

- Je me souviens d'un rêve dans lequel mon père avait abandonné ma mère, l'avait laissée seule avec un enfant de deux ans, et s'était enfui avec une jeune princesse séduisante.

Elle sent que ce rêve très réaliste est un piège malhabile pour lui faire part de ce qu'il vit. Elle décide de plonger sans pré-avis, de guerrier à guerrier. Elle relève le défi. Elle prend le risque de poser une question :

- Quel âge avais-tu lorsque ton père t'as abandonné?

Il accuse le choc et plutôt que de se fermer et se protéger, il le reçoit en plein coeur et l'accueille. Il se laisse pénétrer par l'émotion. Les larmes coulent sur son visage sévère de guerrier. Il craque et nous craquons avec lui.

- Je le déteste l'écoeurant!

Il laisse les émotions l'envahir et envahir tout le groupe, toute la pièce. Il exprime pour la première fois sa colère, sa rage, sa tristesse, son sentiment de rejet, d'abandon, de désespoir. Elle le laisse s'ouvrir. Le groupe le supporte en silence, comme des pros. L'éruption volcanique se calme peu à peu. Il pleure en silence et vient s'asseoir au milieu du groupe avec nous. Elle le remercie sans insister. Nous poursuivons. Elle avait convenu d'une rencontre de trois heures, mais elle sait qu'ils passeront la journée complète ensemble, que le temps deviendra souple, élastique et l'espace sans frontières.

Ils s'allongent au sol pour une visualisation guidée. Dès les premières minutes, je les vois décoller l'un après l'autre, complètement sortis de leurs corps, tels de vieux habitués qu'ils sont des voyages intergalactiques. Elle continue à guider pour se rassurer et se donner l'illusion qu'ils ont besoin de sa voix. Elle observe leurs corps détendus, leurs visages en Paix. Une grande émotion d'Amour les envahit. À travers ces jeunes enveloppes physiques de 16 à 18 ans, émergent des corps et des visages d'enfants tous plus magnifiques les uns que les autres. Des enfants de lumière rayonnants d'amour sourient à travers chacun d'eux. Elle laisse les larmes couler sur ses joues et remercie le ciel de ce précieux cadeau.

Ils sont venus de la Lumière vers la Lumière. Que s'est-il donc passé? Où se trouvent les chaînons manquants? Comment des enfants aussi beaux, aussi purs, en viennent-ils à joindre les rangs des mal-aimés, des révoltés, des rebelles? Ils sont Amour et tout ce dont ils ont besoin c'est de l'Amour.

Au milieu de leur détente, elle les berce dans ses bras. Son coeur se remplit d'Amour pour eux, pour tous ces enfants merveilleux en eux. Elle berce aussi l'enfant et l'adolescente en elle. Elle les enveloppe d'Amour.

La journée se termine dans la Joie et la Gratitude. Ce soir-là, au moment du transit entre l'état de veille et le sommeil, je lui communique une information:

- Ce Passage que vit ton fils depuis presque deux ans se complétera aussi soudainement qu'il est venu.

LE TUNNEL

Je suis le fils d'Osiris, préparez la voie pour moi. Ô Illustre, préparez la voie de Lumière pour moi afin que je puisse passer dans le Domaine des Dieux*.

Elle parvient à la sortie du tunnel. Elle vient de passer 17 heures à l'intérieur du tunnel de son inconscient. Pendant neuf journées, à raison de deux heures par jour, elle a exploré le tunnel de ses mémoires et de son existence à l'intérieur d'elle-même. Elle a rencontré ses peurs, ses peines, ses folies, ses joies les plus évidentes ou les plus secrètes. Un voyage en arrière dans le temps et l'espace de son existence actuelle.

Elle y a même trouvé des souvenirs enfouis, des mémoires occultées, qui ont comblé les chaînons manquants de sa vie. Le casse-tête est complété, la mosaïque achevée. Son guide, de sa voix rassurante, l'a accompagnée jusqu'au bout, la soutenant dans les espaces les plus périlleux de son odyssée.

Je suis heureuse de retrouver, en même temps qu'elle, des moments importants de son enfance, oubliés au fond du puits de ses souvenirs. Certains de ces moments furent si douloureux que je l'ai abandonnée, m'éloignant d'elle pour ne point souffrir. Je lui suis reconnaissante de me redonner la mémoire en retrouvant la sienne. Nous voilà donc à la sortie du tunnel. Elle raconte à son guide :

- Un amas de pierres rondes, de la grosseur des pastèques, obstrue la sortie. Mes mains s'allongent, deviennent gigantesques. J'enlève l'une après l'autre les pierres et les lance au loin, jusqu'à la dernière. Sous le tas, il ne reste plus qu'une petite fille dont l'apparition fait contraste avec la rigidité des pierres. L'enfant n'a pas plus de deux ans. Elle est douce, féminine, fragile. Elle porte une petite blouse blanche, une salopette rouge et des petites bottines.

Elle reste silencieuse quelques moments, prise par l'émotion.

---

*   *Livre des Morts*, op. cit.

- Je la prends dans mes bras et l'amène à l'extérieur du tunnel. Je vois venir vers nous mon père, tout jeune, tout beau, dans la vingtaine. Il est à vélo. Il prend la petite, l'assied sur sa bicyclette et l'emporte avec lui dans les nuages. Je souris, les laisse aller, les regarde s'éloigner et disparaître.

Elle fait de nouveau une pause pour prendre le temps d'intégrer ce qui vient de se passer. Elle respire profondément.

- Je me sens telle une géante, Gulliver dans l'univers. Je m'allonge. Je ne suis plus dans le tunnel, cette fois, c'est le tunnel qui est en moi. Tous mes chakra sont libérés. Mon canal respire. Il s'est élargi, je n'ai jamais aussi bien respiré de toute ma vie.

Je comprends le travail de libération et de purification de son canal et de ses chakra qu'elle vient d'accomplir, et je m'en réjouis. Il est facile pour moi de me véhiculer en elle, l'espace est si vaste. Nous respirons à l'unisson.

Elle continue de reposer dans un état de Paix et de Liberté.

- Une image vient vers moi. Un paysage ressemblant aux Alpes Suisses. Je me vois assise au balcon supérieur d'une maison de style suisse. Au premier se trouve une grande pièce ouverte, c'est la cuisine. Au second, une tout aussi grande pièce, c'est la chambre et la salle d'écriture. Un magnifique chien coolie dort à mes pieds. Mon regard observe une silhouette qui vient vers la maison.

De nouveau, elle fait une pause et respire profondément. Sur un fond ensoleillé de montagnes enneigées et de toits rustiques, elle reconnaît la silhouette qui se rapproche.

- C'est mon fils Manu qui vient me rendre visite. Il porte des bottes de marche et un sac à dos. Il revient de faire de l'escalade en montagne. Dans le ciel, un demi-cercle d'étoiles blanches se dessine. Comme au cinéma, les mots *THE END* s'inscrivent au centre.

Elle éclate de rire comme un ruisseau en cascades. Voilà la fin du tunnel. Voilà le début de la guérison. La thérapie du tunnel est loin d'être une fin. C'est le début du processus de guérison des mémoires occultées. C'est à cette guérison qu'elle occupera la prochaine année. Elle est loin de se douter, à cet instant précis, du cadeau qui l'attend.

Une terre pour guérir

Transformez-vous en Héron, la mère qui vous a créé[*]*!*

Pourquoi ne viendrais-tu pas à la campagne, lui propose une amie en ce magnifique dimanche après-midi de mai. Ça te changerait de la ville... Nous pourrions faire une promenade dans les environs.

L'endroit est magnifique. L'odeur sucrée des fleurs de pommiers guide leurs pas. Quatre robustes chevaux broutent la prairie sauvage. Tout près, assise solidement sur son roc, la montagne veille et protège le lieu. Une cane et ses jeunes canetons glissent à la file indienne sur le lagon calme. Le sentier de terre battue mène au-delà de la pommeraie et traverse une forêt d'érables majestueux. Elle se sent si bien ici qu'elle a l'impression d'être chez elle.

- Je me demande bien qui va acheter cette propriété, lance distraitement l'amie qui l'a amenée jusqu'ici.

Un frisson parcourt sa colonne vertébrale et l'immobilise sur place. Elle lève les yeux au ciel. Une lumière intense semble jaillir du ciel qui s'ouvre. Les rayons de lumière inondent son visage. Une voix répond à l'intérieur d'elle :

- Cette Terre est à toi!

Des larmes roulent en silence de ses yeux. Son coeur se gonfle de joie. Alors qu'elle s'était rendue à la campagne pour faire une balade, voilà qu'elle trouve une propriété à vendre! L'appel est si fort et sa foi si inébranlable que, trois semaines plus tard, elle se retrouve copropriétaire de cet oasis enchanteur. Quarante-quatre arpents de Paix, de beauté, de nature semi-sauvage. Neuf cents pommiers, une dizaine de poiriers, un lagon, une maison-loft, quelques bâtiments, une forêt et la joie profonde d'être chez soi.

---

[*]   *Livre des Morts*, op. cit.

- Quelle joie de pouvoir planter mes racines dans ce paradis terrestre!

Chaque jour, elle développe un amour de plus en plus profond pour cette terre magique qui lui découvre ses secrets. Plusieurs fois par jour, elle traverse la propriété et fait des rencontres incroyables.

-Aujourd'hui, confie-t-elle tout excitée à son compagnon, j'ai rencontré un héron bleu qui survolait majestueusement le lagon et un jeune daim qui s'est immobilisé à quelques mètres de moi et a plongé ses yeux noirs dans les miens, sans broncher, pendant quelques secondes.

Des visions d'une époque pas si lointaine où les Amérindiens qui vivaient en terre québécoise, surgissent de la forêt, dans cet espace mystérieux en forme de cercle, au bout de la terre, à l'orée du bois.

- Lorsque je marche dans cette forêt, je vois les rituels de leur vie communautaire, les célébrations autour des tipis.

Elle voit et entend les chamans danser et chanter pour accompagner un malade, un mourant, un nouveau-né, un mariage, le passage des jeunes adolescents futurs chefs ou guerriers. Un matin, au lever du soleil, à l'entrée du cercle magique, elle contemple une image spectaculaire. Le champ est recouvert de milliers de toiles d'araignées enduites de rosée. Les rayons du soleil levant les rendent perceptibles à l'oeil. En les traversant, ils les illuminent de toutes les couleurs de l'arc-en-ciel. Elle ne peut que s'agenouiller, prier et remercier de tant de beauté.

- Merci à Toi! Comme c'est beau! dit-elle les larmes aux yeux.

Elle réapprend comment les choses les plus ordinaires sont les plus extraordinaires. Les semaines, les mois passent. Elle s'est créé deux fidèles compagnons de marche : Yang, l'intrépide labrador-braque et Spooky, l'éthérique coolie bleu-merle qui voit les esprits, celle-là même que son inconscient lui avait montrée à la sortie du tunnel!... Son attachement à la nature et à tout ce qui est vivant dans la nature devient de plus en plus profond. Elle se sent enracinée comme les arbres à cette terre aimante. Elle a trouvé une oasis. Son navire est ancré et elle ne veut plus bouger. Elle a trouvé son centre, elle s'y guérit et s'y repose.

Le septième jour, Dieu contempla sa création et il vit que cela était bon. Il se reposa. Mais c'était le repos avant le grand Big Bang. Je l'ai guidée jusqu'ici dans un but bien précis qu'elle ignore pour le moment. Il est important qu'elle fasse cette halte, se ressource et puise ses forces à la terre.

PASSAGE 4

LE PASSAGE ENTRE TERRE ET CIEL

Lorsque vous traversez le ciel, tous les hommes vous voient, après que vos mouvements leurs furent cachés. Vous vous exposez du matin au soir, le Jour où vous réussissez la Navigation Céleste avec Votre Majesté; vos rayons sont sur les rivages des hommes et illuminent les terres des dieux*.

Elle tourne nonchalamment les pages du journal. Depuis qu'elle a quitté son dernier emploi dit régulier dans le monde extérieur, elle occupe ses journées entières à découvrir son monde intérieur. Elle se fusionne de plus en plus à la nature de son oasis à la campagne. Ce qu'elle ne perçoit pas très bien encore, c'est que j'ai de plus en plus envie de retourner d'où je suis venue. J'ai la nostalgie de mon vrai pays, de ma vraie famille. Ma nostalgie s'insinue en elle chaque jour un peu plus.

- J'ai complété mon séjour sur Terre, pense-t-elle souvent. Plus rien ne m'intéresse. Je souhaite par-dessus tout quitter la Terre.

Son désir de quitter est en réalité mon désir de revenir chez moi. Quel défi! Les nouvelles du monde sont toujours aussi déprimantes. Quand peut-on lire dans le journal que les enfants sont heureux, que les adultes s'aiment, que les peuples vivent en paix? Jamais. Le monde s'engouffre dans une profonde dépression collective qu'elle ressent depuis que ses antennes se sont ouvertes.

J'attire son regard sur une publicité au bas d'une page du journal. Le déclic ne se fait pas instantanément mais j'insiste. Elle voit les photos d'un homme et d'une femme. Au centre, en grosses lettres, l'annonce suivante :

PLONGER DANS SA DESTINÉE

EN NAGEANT AVEC LES DAUPHINS EN LIBERTÉ

DANS LES EAUX CHAUDES DE HAWAÏ.

---

*   *Livre des Morts,* op. cit.

Une onde de choc pénètre par ses yeux vers son cerveau et se répand à tout son être. Une onde de choc vibratoire, comparable à celle de cette fameuse soirée où elle avait rencontré Dieu dans une pizzeria, il y a plus de dix années. Une vibration qui m'annonce que quelque chose d'important se met en place. L'onde est vite suivie de fréquences sonores stridentes venues des fonds sous-marins. Comme des milliers de personnes sur Terre au même moment, elle reçoit l'Appel des Dauphins.

D'un bond elle sort de sa torpeur, bondit sur le téléphone et demande toutes les informations au sujet de cette conférence qui, comme par hasard, a lieu le soir même. Elle tient une piste, ou plutôt une piste la tient comme dans tous les grands moments de sa vie. Elle n'a plus qu'à suivre le fil et se laisser guider. C'est le début d'une grande histoire d'amour entre elle et les Anges de la Mer. Une histoire d'amour qui l'amènera à se dépasser et à ouvrir son coeur à l'inconditionnel. Elle deviendra souvent par la suite, sans le rechercher consciemment, ambassadeur des dauphins. Sans être la plus grande spécialiste océanographique ou le plus grand scientifique des recherches sur les communications inter-espèces, elle sera souvent choisie pour parler des dauphins à la radio, à la télé, dans les journaux, car son lien profond avec eux se situe au niveau du coeur. Cette passion qui vibre en elle et en moi depuis des millénaires, elle la porte et la transporte au-delà des frontières terrestres et célestes. Combien de fois durant les années à venir, lui dira-t-on :

- C'est fou ce que tu ressembles à un dauphin!

C'est avec le coeur plus grand que la ville qu'elle entre dans une librairie afin de passer le temps avant la conférence qui ne débute qu'à 19 h 30. Combien de fois retournera-t-elle dans cette librairie, qui se prépare à recevoir, ce soir, par contagion, son virus *delphinus*! Elle s'y procurera des dizaines de livres, en anglais et en français, sur tout ce qui est paru sur le sujet.

- Auriez-vous un livre à me conseiller au sujet des dauphins? s'informe-t-elle auprès du libraire occupé à l'ordinateur.

- Nous venons justement de recevoir un conte, là, dans cette boîte. Prenez-en un, nous n'avons pas eu le temps de les placer sur les étagères, dit-il distraitement.

Elle prend une copie du conte intitulé *Boule de Rêve**. Immédiatement l'énergie passe dans ses mains. Sans même le feuilleter, elle l'achète et se propose de le lire dans le bistro d'à côté. Une heure plus tard, deux kirs plus loin, elle complète sa lecture et referme le livre. Son visage est inondé de larmes. Elle a mis ses lunettes fumées pour éviter les questionnements. Elle respire difficilement. La petite fille à qui est dédié ce conte est décédée de leucémie à l'Hôpital Sainte-Justine où l'auteur accompagne les enfants qui font le Passage. Elle y raconte l'histoire d'un jeune dauphin qui se laisse pousser des ailes pour mieux s'envoler du fond de l'océan vers le ciel, et retourner chez lui dans son palais de cristal. Le conte est émouvant et la touche profondément. Les dessins sont fabuleux, les couleurs inspirantes. Cette histoire ne touche pas que les enfants, elle s'adresse aussi aux adultes. L'enfant en elle, l'adulte autour d'elle, sont bouleversés. Le Passage de la vie après la vie...

Ses lunettes fumées sur le bout du nez, le conte sur le bout du coeur, elle s'installe dans la première rangée de la salle de conférence, devant l'écran où sera présenté le documentaire sur les dauphins. Elle nage dans le vidéo plutôt qu'elle n'écoute la conférencière. Une vague turquoise l'emporte dans l'eau cristalline où s'amusent librement des familles de dauphins tous plus joyeux les uns que les autres. Elle se laisse emporter par leurs chants et perd la notion du lieu, du temps. L'océan est un immense aquarium à ciel ouvert qui lui permet d'explorer sa non-limite.

- À présent, je vous invite à vous laisser guider dans une méditation au fond de l'océan, annonce la conférencière d'une voix suave.

- Trop tard! pense-t-elle. J'en reviens et c'était magnifique.

Elle quitte la salle, remercie discrètement et passe de l'eau à la terre sans trop de difficulté. Je suis heureuse qu'elle accepte cette nouvelle clé qui la conduira bien au-delà de ses espoirs. Un après-midi de juillet, alors qu'elle pratique la nage du dauphin en piscine, avec masque, tuba et palmes, je lui envoie l'intuition de s'inscrire à des cours de plongée sous-marine afin de mieux se préparer à aller nager avec les dauphins en liberté. Aussitôt reçu, aussitôt fait. Elle s'inscrit à l'école de plongée du lac Memphré à Georgeville.

---

*	Lise Thouin, Éditions Libre Expression, 1993

Elle est loin de s'attendre à une expérience initiatique! Ce que l'humain doit faire pour devenir oiseau ou poisson! Afin d'acquérir la légèreté de l'oiseau et la fluidité du poisson, l'humain s'entoure d'habits et d'équipements lourds et denses qui l'obligent à s'arracher de force à l'attraction terrestre. Elle pratique depuis si longtemps le déracinement qu'elle se retrouve emprisonnée dans ses mouvements et son corps, incapable de respirer librement.

- J'étouffe. J'ai peur. Je suis en train de rencontrer mon ombre, mes peurs, mes monstres, mes résistances, mes limites, pense-t-elle, paniquant intérieurement.

Elle observe les autres membres du groupe. Ils semblent à l'aise, comme s'ils avaient fait ceci toute leur vie.

- Qu'est-ce que j'ai? se répète-t-elle en revenant vers la berge pour reprendre son souffle.

De nouveau elle fait une tentative de plongée. Elle n'a pas franchi le cap d'être à l'aise sous l'eau, embourbée de cet équipement lourd et étouffant. Le soleil est chaud, éclatant. L'eau du lac est limpide, accueillante. L'Abbaye Saint-Benoît-du-Lac et les montagnes sourient et approuvent. Malgré le stress, la peur, l'étouffement et l'inconfort, elle découvre cette fois suffisamment de motivations pour poursuivre. Elle rencontre le silence profond qui s'installe déjà à trois mètres sous l'eau. Inouï! Nulle part sur Terre le Silence est aussi parfait. Elle voit les bulles cristallines remonter à la surface, hypnotisantes, calmantes, joyeuses. Et surtout, pour la première fois, elle plonge au milieu des algues, bercée par la vague et le soleil.

Elle est en Paix! Je suis en Paix! Elle apprivoise les algues marines, elle les touche, elle les laisse balayer l'eau. Elle goûte la Paix du monde sous-marin. Elle sait maintenant qu'en allant au fond de l'eau, chaque fois, elle va symboliquement à la rencontre de son inconscient. Un mirage de dauphins vient vers elle. Elle les suit. Tout en la laissant poursuivre son acclimatation aux dimensions inconnues du monde sous l'eau, je lui envoie une seconde intuition qui va chavirer le cours de son existence.

- Reconnais ta peur principale et réelle, ta peur de la Mort.

Bientôt elle comprendra que ses voyages sous l'eau la préparent à d'autres voyages dans le silence et la Paix de l'Au-delà, cet inconnu.

L'ASTRONOMIE GAMMA RÉVÈLE LES ÉVÉNEMENTS LES PLUS VIOLENTS DU CIEL, COMME LES EXPLOSIONS D'ÉTOILES; L'ASTRONOMIE INFRAROUGE DÉVOILE LA NAISSANCE DES ASTRES; L'ASTRONOMIE OPTIQUE COMBLE L'INTERVALLE ENTRE VIE ET MORT STELLAIRE; LA RADIOASTRONOMIE PERMET D'ACCÉDER À L'UNIVERS FROID, AU MONDE DES MOLÉCULES ERRANT DANS LES ÉTOILES[*].

LA MORT CONSCIENTE

Gloire à vous, occupant de la Barque sacrée, qui tire le Nil de sa caverne; sur votre corps le soleil a brillé... vous êtes le Seigneur des Deux Rives. Puissiez-vous me montrer la Voie pour que je passe en Paix[**]!

 Éva semble presque invisible dans sa robe noire toute simple. Elle se fond dans le décor romantique clair-obscur, un tantinet victorien, d'un restaurant au coeur d'une petite ville estrienne du Québec. Par la fenêtre leur parvient le doux murmure d'une cascade au pied de la terrasse. Elles savourent un de leurs rares moments privilégiés en tête-à-tête. Elles savent que la conversation portera sur l'essentiel, l'intimité, la transparence sans échappatoires.

- J'ai commencé à méditer sur ce que je ferai quand je ne canaliserai plus, dit Eva avec un arrière-goût de mélancolie. Je crois que la seule chose qui m'intéresse pour le moment, c'est de guider des êtres à explorer la médiumnité.

---

[*]   *GEO,* op. cit.

[**]   *Livre des Morts,* op. cit.

- Comme c'est intéressant...

Elle ne peut s'empêcher de songer qu'elle vient tout juste de me demander de placer sur sa route quelqu'un qui pourrait l'accompagner, en silence, comme on accompagne un mourant, en étant suffisamment détaché d'elle pour la laisser aller si tel était son choix.

- Que veux-tu dire?

- Eh bien, cet été, en pratiquant la plongée sous-marine, je me suis confrontée à ma peur de la mort. J'ai décidé de l'affronter. Je me suis demandé pourquoi j'attendrais de mourir pour apprivoiser la Mort.

- Tu as raison, c'est ce que je vis quotidiennement en transe. Je meurs chaque fois; je me rends dans l'Au-delà et je reviens.

- Voilà exactement ce que je veux faire... à froid...

Je ne peux me résoudre à lui dire la vérité, qu'en réalité je veux quitter le plan terrestre, je veux faire le Passage, je veux mourir.

- Comment veux-tu réaliser ceci? demande-t-elle intriguée.

- Presque toutes les personnes qui ont expérimenté une mort clinique en reviennent avec le même témoignage : elles traversent un tunnel vers la lumière, rencontrent des êtres de lumière et reviennent complètement transformées.

- Mais tu ne pratiques plus la transe et, à ce que je sache, tu n'es ni morte ni en état de coma, lance-t-elle en riant.

- Je sais. Je me suis dit, en pratiquant la thérapie du tunnel, que si l'on pouvait explorer le tunnel du passé, il était sûrement possible d'explorer consciemment le tunnel du futur, le Passage et démystifier la mort. Une sorte de mort Consciente en quelque sorte.

- C'est logique et très excitant. Mais peux-tu le faire seule?

- Pour l'instant, je sens le besoin d'être accompagnée d'un témoin extérieur quasi silencieux, qui par sa seule présence physique peut me rassurer pour les premières étapes et me donner confiance pour poursuivre seule par la suite. D'ailleurs, j'ai déjà commencé, j'ai vécu une première exploration, que j'ai nommée «TRANSITION # 1», avec l'aide d'un guide... intérieur.

Elle n'ose lui dire qu'elle pourrait très bien continuer le processus seule avec ce guide intérieur, mais qu'elle serait encore plus tentée de ne pas revenir.

- As-tu envie d'en parler?

Un temps de silence s'installe à table entre elles. L'espace d'un recueillement. Elle plonge comme si elle y était encore.

- Dès que je ferme les yeux, je me trouve en présence d'un guide, une déesse celtique aux cheveux roux, portant une robe de velours vert forêt. Elle me dit : « Je m'appelle Adélaïde. Suis-moi, ce sera une Belle Aventure! » Elle m'amène sur une île au large de l'Écosse, à l'entrée d'un tunnel fait de pierres ressemblant à des dolmens. J'ai l'impression que nous entrons dans un tombeau sacré. Nous nous enfonçons dans une mine souterraine. Je vois une boule de lumière infrarouge qui s'approche et se fond en nous, nous apportant un changement de structure moléculaire. Nous devenons la lumière infrarouge. Nous sommes en suspension dans la voûte d'une cathédrale gothique. Sous nos pieds se trouvent deux cercueils entourés de chandeliers. Elle me dit : « Suis-moi, ce n'est pas la première fois que nous faisons ceci ensemble! » Nous traversons la voûte. Un rayon de lumière vient vers nous et crée une passerelle de lumière. Nous nous dirigeons vers un trou de lumière éblouissante. Nous pénétrons dans un couloir de cristaux.

L'heureuse arrivée de la serveuse les ramène à la réalité terrestre. La nourriture céleste a tendance à les faire décoller un peu trop facilement. Après avoir dégusté un peu de bon vin, elle poursuit.

- Dès que nous pénétrons dans le tunnel de cristaux, mon guide enlève son attirail : robe et cheveux. Elle devient une silhouette blanche et or. Elle me dit que c'est son corps de lumière. Elle entre en symbiose avec les cristaux et j'en fait tout autant. Je perds ma densité. Je passe de l'infrarouge au blanc doré. Je respire la lumière des cristaux. Elle me dit que cette étape du Passage se nomme le dépouillement. Elle me conseille de prendre le temps d'intégrer l'énergie de cette étape, car c'est ici que nous reviendrons pour poursuivre la prochaine exploration.

Elle interrompt de nouveau son récit et prend une bonne respiration.

- Que se passe-t-il? demande Eva.

- Je suis émue, car je ressens encore l'émotion de cette énergie.

- Nous pouvons parler d'autre chose, reprend-t-elle.

- Non, j'ai presque terminé. Tu sais, depuis cette expérience, rien d'autre ne m'intéresse.

Elle poursuit et termine.

- Le plus important de cette étape du dépouillement, ce sont les minutes d'intégration. L'énergie contactée s'apparente au deuil de laisser aller l'attirail, ce qui n'est pas essentiel. Je ressens une tristesse, une nostalgie à lâcher prise. Il y a en même temps une grande force dans cette énergie de dépouillement. À l'aide de mes mains, paumes tournées vers le haut, à la hauteur du coeur, j'intègre mon corps de lumière, en respirant profondément. L'énergie est incroyablement élevée et entre à plein pouvoir dans mes mains. Je suis survoltée. Je ressens la modification cellulaire. Je reçois l'information, avec cette énergie en moi, que je peux guérir, transmettre l'énergie qui peut guérir, l'énergie qui guérit. Je suis très émue; je me donne de l'énergie au coeur, au plexus, au hara. Quelle force! L'énergie entre partout en moi comme une grande Lumière.

Elle cesse de parler, visiblement émue par l'expérience qu'elle vient de revivre en la racontant. Eva a les larmes aux yeux elle aussi.

- Sarah, est-ce que tu accepterais que je t'accompagne... presque silencieusement... pour une prochaine exploration?

LE PREMIER DE NOS ÉLÉMENTS ASTRONOMIQUES, L'OEIL, EST COMPOSÉ DES MÊMES ATOMES QUE LE SOLEIL. PENDANT LONGTEMPS ON S'EST CONTENTÉ DE CETTE PETITE FENÊTRE POUR OBSERVER LE CIEL. PUIS ON A CÉDÉ LA PLACE AU REGARD UNIVERSEL DES INSTRUMENTS ASTRONOMIQUES[*].

SECONDE EXPLORATION DU PASSAGE

Je suis passée après m'être immergée dans la Voie Lactée[**].

Avec tes yeux intérieurs, regarde ton canal et vois toutes les lumières de tes chakra. Regarde comme ton canal physique s'ouvre par la couronne et s'ouvre au canal divin, à ton chemin de lumière.

Elle glisse dans la détente et la réceptivité, au son de la voix rassurante d'Eva qui l'accompagne. Dehors, un orage gronde sur le lac et s'amuse à faire contraste avec son état de Paix intérieure.

- Ressens l'énergie de ta conscience pure et contacte à travers ton énergie d'amour l'intention pure de découvrir la Voie menant à l'Au-delà. Laisse ton guide venir maintenant. De ton chakra de la couronne, regarde ton canal de lumière et demande à la Source Divine de te guider à travers les différents plans de conscience. Je te laisse aller...

Elle est prête. Je suis plus que prête. Son abandon et la présence respectueuse de l'accompagnatrice me propulsent instantanément dans l'Au-delà, à travers ce chemin que je connais si bien pour l'avoir parcouru aller-retour maintes fois. J'ai seulement cru l'avoir oublié. Depuis toujours je sais, je connais. Je reconnais. Elle est devenue mes yeux, mes mains, mon corps et ma voix. Je suis son guide.

---

[*]   *GEO,* op. cit.

[**]   *Livre des Morts,* op. cit.

- Je reviens au tunnel de cristaux. Mon corps de lumière est aspiré vers le haut en diagonale, en route vers l'univers infini, le cosmos. Je sens une séparation entre les chakra du haut et les chakra du bas, au niveau de la gorge. Mon corps fluide, gazéifié, sort du corps de lumière et file à une vitesse vertigineuse comme une comète, une étoile filante. Il a une forme allongée, filigrane, légère, tel un long courant de particules gazeuses : bleu, turquoise, vert, argent.

- Où est ton guide?

- Nous sommes côte-à-côte, ensemble. Nous nous dirigeons vers un trou noir, un soleil noir à l'aspect de velours. Ce soleil, au lieu d'irradier, aspire. Nous entrons dans ce soleil noir et nous entendons le Silence de l'Univers, le Son de Dieu, le Silence cosmique. Ce silence est aussi intense que celui que j'ai connu sous l'eau. Je lui murmure que l'eau d'Ici vaut bien l'Au-delà. Elle ne l'entend pas.

- Est-ce accueillant?

- Oui. J'ai besoin d'utiliser mes mains comme des radars. Nous sommes deux spirales propulsées dans le Noir, dans le Silence de l'Univers. Nous sommes les yeux d'un être en position de méditation. Nous devenons le regard, la vision d'un Bouddha méditant.

- Quelle est l'action de ce Bouddha?

- Il est le Coeur, le Tout, le Cerveau. Il Est. Il Est ce Lieu. Nous commençons à percevoir d'autres présences, comme une allée de présences. Nos mains, tout comme notre conscience, prennent de l'expansion. Nous reconnaissons ces énergies. À gauche, il y a une déité hindouiste spectaculaire qui danse, peut-être Shiva. À droite, je perçois l'opposé; un être simple, dépouillé, humble. Il a le crâne rasé, porte une toge marron orangé, ses bras sont nus. Un lama. Le Dalaï Lama dans toute sa simplicité, son dépouillement. Je ressens sa compassion, sa bonté.

L'orage gronde fortement à l'extérieur.

- Sont-ils toujours en ligne droite?

- Non, ils forment un demi-cercle. Je reviens à gauche. Je reconnais la main d'une autre présence. Ma main gauche répond en esquissant un geste : l'index, le majeur et le pouce élevés, alors que l'auriculaire et l'annulaire sont abaissés. L'être prend forme. Je reconnais Jésus.

Elle éclate en sanglots. Une puissante énergie d'amour l'envahit, telle une vague qui ouvre et fait fondre les blocages. L'orage est à son paroxysme.

- C'est une grande reconnaissance d'amour. Une grande qualité d'énergie absolument pure. Je retrouve une respiration qui ouvre tout mon canal, tous mes chakra. Une grande lumière se tient dans la simplicité.

Sa gorge s'ouvre, ses chakra supérieurs s'ouvrent. La migraine qu'elle traînait depuis la veille s'envole. L'amour christique l'envahit.

- Je reconnais l'amour, la compassion, l'ouverture du coeur. Jésus se tourne vers un être. Des rayons de lumière émanent de ses mains vers lui. Cet être recroquevillé personnifie toute la souffrance de la Terre. Il porte un manteau de misère. Un bâton de bois l'aide à se soutenir. Les quatre maîtres, Jésus, Bouddha, le Dalaï Lama, Shiva, dirigent leurs mains de lumière vers lui. Ils forment un cercle autour du mendiant. La pluie coule le long de la fenêtre, abondamment, comme ses larmes.

- Les maîtres dirigent l'amour, la paix, la compassion, la guérison, vers cet être qui symbolise la souffrance.

Le tonnerre éclate, accompagné d'éclairs foudroyants.

- On m'informe que c'est l'étape de la Compassion, de l'Amour Divin. Le mendiant se transforme. Il devient une sphère qui prend la forme de la Terre. Une lumière dorée irradie de cette sphère. La Paix, la sérénité s'installent. La Terre émane cette Lumière de Guérison.

Un long silence accompagne cette vision.

- Les quatre maîtres forment une croix autour de la Terre. La Terre crée un réseau de circulation d'énergie entre leurs mains et leurs coeurs. Ils se lèvent et quittent le lieu en douceur, comme s'ils étaient appelés ailleurs.

Ses mains radars lui disent d'intégrer la Terre en elle au chakra du Coeur. Elle fait le geste.

- C'est cela, approuve Eva.

- Je porte la Terre en moi. Je me réconcilie avec ma mission. Je contacte l'envers de la solitude. Je me sens moins seule sur la Voie.

Elle flotte parmi les lumières du cosmos et se laisse bercer par l'Univers.

- Vois-tu ta corde d'argent?

- Je me vois avec des ailes. Je descends par un cordon.

- Comment est-il?

- Argenté, bleuté, un peu cristallin. Il est fait de fibres éthériques comme une spirale. Je le suis pour revenir à la Terre, comme je le fais sous l'eau. Je tiens la corde de l'ancre du bateau pour descendre au fond de l'eau... tranquillement... c'est très beau de voir le mouvement de plongée... je descends jusqu'à l'ancre.

Tel un oiseau qui replie ses ailes, elle réintègre son enveloppe physique.

- Aide-toi de ta respiration. Prends ton temps. Nomme tes organes. Vérifie si tu t'habites toute.

Elle pleure et rit en même temps.

- Je crois que j'ai laissé un morceau de mon coeur là-haut. Aïe! Mon corps est raide!

- Accueille tes émotions. Respire.

- *Oh God*! Est-ce possible?

C'est ainsi que se complète la seconde exploration consciente de l'Au-delà, qu'elle nommera « TRANSITION # 2 ». Je pleure de Joie. J'ai retrouvé le Chemin. Je ne l'avais jamais perdu. Je n'ai pas à me séparer de mon véhicule physique. Bien que le corps trouve l'exercice élastique exigeant, il m'accompagne avec une facilité inouïe. L'élévation accélérée de ses vibrations lui donne le vertige, mais l'amour qui nous unit entre Ciel et Terre adoucit l'envol kamikaze. Je le remercie d'avoir plongé dans le vide et ouvert ses ailes!

Nous devenons JE.

Cette nuit-là, je rêve à Gurumayi. Je me retrouve dans ses appartements. Elle rentre fatiguée d'une rencontre avec le public. Je l'aide à changer de vêtements. Elle revêt de magnifiques vêtements aux couleurs vives : ocre, orangé, rouge, safran, rose, or, jaune.

Dans sa chambre, sur le plancher de bois naturel, je vois un gros escargot fait d'or massif. Sur son dos se dessine une grande spirale.

Il baigne dans une mare d'huile d'olive. Le soleil et la lumière entrent en abondance dans son appartement qui donne sur une vaste cour arrière.

Nous partons en voyage. Je l'accompagne pour une longue tournée à travers le monde qui commencera par l'Europe. Nous voyagerons dans un immense paquebot tout blanc.

NOTE AU LECTEUR :

Le pronom JE, narrateur des Chapitres 23 à la fin, est désormais le porte-parole de l'âme unie au corps-véhicule et à l'ego. Il n'y a plus de séparation.

Je me suis élevé de l'Oeuf qui est dans la Terre secrète, ma bouche m'a été donnée afin que je puisse parler en présence du Grand Dieu.

'automne qui suit est sans contredit haut en couleurs extérieures et intérieures. La richesse du paysage québécois n'a d'égal que la beauté des paysages de l'Au-delà, tous plus merveilleux les uns que les autres. Mon coeur de Samouraï s'ouvre comme une fleur de lotus. Je fonds sous la chaleur vibrante des multiples soleils que je rencontre dans mes voyages intérieurs. J'ai de plus en plus de facilité à repousser les frontières de l'Inconnu et je me sens attirée à y vivre en permanence. Comment pourrais-je m'y opposer? Je rédige fidèlement le compte-rendu de mes expériences. En plus de ma voix, enregistrée sur cassette audio, l'écriture devient non seulement un témoin, mais un ancrage qui facilite l'intégration sur Terre du processus vécu hors Terre. Tout au long de cette grande aventure je m'accroche à mon fil d'Ariane personnel, l'écriture-témoin. Telle une bouée, cette précieuse amie m'empêche maintes fois de sombrer dans les profondeurs océaniques, attirée par le chant des sirènes. Je suis reconnaissante à cette fidèle compagne de refléter le moindre de mes mouvements intérieurs. Cette partenaire infatigable m'aide à nommer l'innommable, à percevoir l'imperceptible, à toucher l'intouchable de l'Autre Réalité. Je deviens Scribe du Passage. Je confie avec excitation à Eva :

- Les espaces de l'Au-delà sont autant de lieux d'apprentissage. J'y reçois des enseignements, des messages, des guérisons, des initiations, des rituels. Ces espaces sont infinis, comme l'univers.

- Ce que tu redécouvres semble très euphorisant, constate-t-elle.

- Oui. Voilà pourquoi il est si important que j'intègre bien ces énergies et que je les enracine dans la terre constamment. Je n'oublie

---

*   *Livre des Morts,* op. cit.

pas que c'est mon âme qui me guide, que son élan naturel est de retourner dans l'Au-delà, mais qu'auparavant elle doit compléter avec moi la mission qu'elle a choisie avant de se réincarner.

Quelle sagesse! L'euphorie des profondeurs marines n'a d'égal que l'ivresse des hauteurs célestes! Ne l'oublions pas!

Pour favoriser mon enracinement, j'écris mes explorations des plans de lumière et de conscience que je nomme «Transitions». En voici les grandes étapes :

TRANSITION # 3

7 septembre 1993

Titre :   *La Respiration du Feu*

Thèmes :   *La circulation d'énergie, une nouvelle respiration.*
L'exploration du Passage est une expérience.

Je n'ai plus de guide intérieur. Je suis dans un oeuf cocon de lumière. Mon corps de lumière sort par mon chakra couronne. Je suis propulsée dans l'espace. J'entre dans le soleil noir. Je prends contact avec le vide et le plein. Ma conscience s'élargit, devient La Conscience, une particule dans la Voie Lactée. Je perçois des plaques flottantes, des portes horizontales de métal gris foncé. Je me sens entre deux espaces. Mes mains m'amènent dans l'une de ces portes qui s'ouvre sur un couloir noir silencieux.

Je rencontre un être longiforme, très grand, entouré de lumière dorée. Il m'invite à le suivre au bout du couloir dans la lumière dorée. Je suis aspirée dans la lumière. Mes molécules s'épurent, je m'élève. Un escalier se dessine. J'ai chaud. L'escalier me conduit dans une salle ronde de lumière enflammée. Je m'assieds au centre du cercle de flammes. À l'intérieur des flammes apparaissent des formes blanches. Un personnage au crâne allongé, vêtu d'un manteau blanc étincelant, se précise. Son front descend sur un long nez. Il me fait penser aux dessins Incas. Pour entrer en communication avec lui, je deviens lui. Je pose mes mains sur son crâne. Je ressens que l'on travaille cette région. Je ressens la sérénité, la paix, l'amour, l'harmonie, la clarté. On m'injecte de l'or liquide dans les canaux des parois de mon cerveau, comme des courants d'eau qui circulent dans la Terre, afin de purifier et d'énergiser cette matière. Entre les deux hémisphères, je peux voir la circulation de l'or liquide. Une fontaine jaillit du centre et s'ouvre à l'infini. Une gigantesque fleur de lotus blanche et rose se déploie. Une pluie de gouttelettes cristallines argentées se dépose sur les pétales comme une rosée métallique. Doucement la forme se referme.

Je ressens la respiration nourrissante de l'univers comme des particules de lumière qui entrent dans le crâne par le Passage et le nourrissent. L'être enlève son manteau blanc immaculé. La respiration prend de l'expansion et se fait dans tous les centres d'énergie. Tout le corps respire la lumière par les couloirs traversant les chakra d'avant à l'arrière. On m'enseigne une autre façon de respirer, d'être.

Le couloir s'élargit. Les canaux se relient entre eux par des boucles, des cercles. La flamme monte, circule et intensifie l'énergie. Je deviens UN avec le feu. Je deviens le feu. Je respire le feu par les mains. Je suis une flamme parmi les flammes du feu.

Je ressens des tremblements vibratoires jusque dans mon corps physique. Je me sens telle une géante qui connecte à la fois sur le plan du feu et sur le plan de la matière. Ma conscience est dans les deux plans. Je présente une main au feu et une main à la matière. Je peux choisir entre le feu et la Terre. Je décide de faire descendre la flamme.

Je suis remplie de gratitude de pouvoir contacter ce niveau d'être, cet état, à partir d'ici, la Terre. L'émotion que je ressens confirme mon expérience. L'exploration est une expérience et non une connaissance. Elle est difficile à traduire en mots. Je sens le fossé qui s'agrandit entre mon ego et mon âme. Quel contraste entre ma petite estime de moi et la grandeur de mon âme!

Les choses ont de moins en moins d'importance. Je m'interroge :

- Comment vais-je continuer à vivre? L'essentiel est cette connexion. Comment la vivre sur Terre? Est-ce la mort de l'ego qui s'annonce?

TRANSITION # 4

10 septembre 1993

Titre : **Les Guerriers Bleus de Lumière**

Thèmes : **L'épée de la transmission. Le rassemblement et l'initiation.**

Je me retrouve immédiatement à la respiration du feu dans les canaux et les chakra. Le Passage se fait très vite. Je suis au centre du cercle de flammes. Une présence s'annonce, rassurante, immense, intense, géante. Je vois ses pieds nus, une robe blanche lumineuse, un visage androgyne sans âge, sans sexe, des cheveux blonds bouclés, des ailes. Il tient un glaive d'argent serti de pierres précieuses. Je le sens protecteur, enveloppant.

Ma conscience se rapproche de lui. Je perçois ses ailes, comme un oiseau qui se déploie. Sous ses pieds il y a la Terre, comme un coeur vivant qui palpite. Le feu disparaît. Si je tends la main, je peux toucher les étoiles. J'ai envie de rentrer sous son aile protectrice. Je reconnais l'émotion de l'amour universel. Je m'installe dans cette douceur, cette tendresse. Je me laisse envelopper, fondre en lui. Je me sens bébé, foetus, enveloppée dans une aile d'énergie. Je me sens vulnérable et protégée. Je suis dans le passage entre deux incarnations. Je sens son souffle, sa respiration sur moi. Il m'insuffle la vie par le chakra couronne. Il n'y a pas de forme. Nous sommes au-delà de l'Au-delà. Je sens sa force nourricière. Le foetus endormi prend vie. Mes yeux s'ouvrent et regardent ses yeux. Je vois deux Terres bleues pleines d'eau et je me laisse porter par son regard. Un passage se crée entre nos yeux. La Terre dans ses yeux m'indique la direction où je vais m'incarner. Un lien se développe dans l'abdomen. Je grandis. Il m'insuffle sa force et son amour. Je me tiens face à lui maintenant. Je grandis à la mesure de la force de cet être.

J'entends son nom... Michel... Michaël. Mon corps ne peut pas contenir toute cette grandeur. Il me transmet le glaive que je trouve lourd, investi de pouvoir. Dans ses yeux, la Terre me dit d'accepter ce glaive, car j'en aurai besoin. Je me centre afin de recevoir dignement le glaive. Je le tiens entre mes mains. Il est léger mais intense. Mes mains amènent en moi le glaive qui entre par le chakra couronne. Je ressens la Force qui m'habite. À mon tour, je peux protéger et défendre. Michaël s'éloigne et disparaît dans l'espace.

Je me retrouve seule dans l'inconnu et le noir. Tout est silence et solitude. Mon seul point de référence est ce que je suis. Je suis une forme bleue qui avance sur un rayon circulaire. Je suis une forme bleue transparente dans la nuit de silence, de solitude et d'inconnu.

J'avance sur un rayon de densité circulaire telle une orbite. L'orbite fait partie d'une spirale en expansion. La spirale tourne pendant que je marche sur les rayons concentriques. Elle est de couleur grise. Je suis bleue. Je sors l'épée de la transmission, le glaive de Michaël, du chakra de ma couronne et ceci m'aide à me centrer. Nous sommes plusieurs présences bleues. Elle se déplace dans la noirceur de l'inconnu. L'espace s'ouvre sur un autre espace bleu royal dense. La spirale disparaît et nos corps de lumière bleue se dirigent à l'entrée d'un dôme.

Michaël nous attend et procède au rassemblement des corps bleus. Nous plaçons nos épées à notre côté gauche. Il dit que les portes s'ouvriront par notre désir, notre volonté, notre énergie. Nous plaçons nos mains, paumes dirigées vers les portes. Elles s'ouvrent et laissent s'échapper une lumière éclatante aveuglante. Des formes semblables à Michaël, des anges par milliers, s'avancent dans la lumière. Ils dessinent une allée et se divisent en deux colonnes qui s'allongent à l'infini tel un ruban à perte de vue. Ils tiennent des instruments de musique.

Nous avançons dans l'allée et commençons à percevoir des sons de différentes fréquences vibratoires qui pénètrent en nous et ajustent nos vibrations. Nos oreilles internes ainsi que nos formes éthériques sont stimulées par ces sons. Puis les anges forment un cercle immense et se tiennent debout autour de notre cercle bleu. Quel contraste! Ils sont doux et purs. Nous sommes forts et guerriers!

Michaël s'avance vers nous et nous avise que ceci est une phase de préparation. Des anges viennent se placer derrière chacun des guerriers. Ils mettent leur main gauche au-dessus du chakra des couronnes et la droite tournée vers le haut. La lumière bleue se change peu à peu en lumière dorée. Je ne vois que du doré intense. Ils nous connectent à la centrale nucléaire, à la Source, à Dieu. Il n'y a plus de mots.

L'émotion pénètre à flots et témoigne de l'expérience d'amour. Je m'unis à la Source, je me fonds à elle, je deviens la Source. Je n'ai nulle envie de revenir ici-bas. À l'aide de mes mains j'intègre la lumière puissante de la Source le long de mon canal. Je vibre de tout mon corps. Je reviens péniblement dans mon corps. Je suis raide, meurtrie, engourdie. Ma tête est une grosse ampoule électrifiée.

- Qu'est-ce que je vais faire de ma vie? me dis-je intérieurement. Laisser être, m'abandonner, laisser agir la Source à travers moi.

TRANSITION # 5

14 septembre 1993

Titre :   *La Danse Cosmique*

Thèmes :   *L'expérience des nombres sacrés et de la géométrie sacrée. L'expérience de l'Unité et du Tout.*

Je retrouve les guerriers bleus. Après l'onction, un anneau de lumière dorée repose au-dessus de nos crânes. Nous sommes revêtus de l'armure bleue qui a la texture ouatée des nuages. Les sons élèvent nos vibrations.

- Combien sommes-nous?

On me répond :

- Des multiples de 11 : 11, 22, 33, 44, 55, 66...

Nous faisons l'expérience des nombres sacrés. L'univers est nombres et les nombres sont sacrés. Ensuite nous expérimentons la géométrie sacrée : triangle, cercle, carré qui s'emboîtent les uns dans les autres dans un parfait engrenage cosmique.

D'abord nous vivons l'expérience du triangle qui se dessine au sol de l'espace. Nous nous plaçons sur le triangle et expérimentons l'histoire universelle du triangle, les pyramides entre autres. La connaissance est directe. L'expérience est directe. L'information va très vite. Je manque de temps pour transmettre en mots, alors j'entre dans l'expérience. Nous expérimentons le cercle de la même façon, le signe de l'infini, la spirale, entre autres. Puis le carré qui est à l'extérieur du cercle et du triangle. La vitesse ralentit. Nous expérimentons la stabilité. Nous transférons dans nos cellules l'expérience du triangle et du cercle et, autour de nos cellules, l'expérience du carré.

Sur l'écran noir velouté du cosmos, on nous montre l'orchestration organisée de la danse cosmique des formes de géométrie sacrée. On intègre la danse cosmique d'abord dans l'anneau qui transforme l'expérience en particules lumineuses. Je descends l'expérience à l'aide de mes mains le long de mon canal d'énergie et de mes corps subtils. Je vois des ellipses qui dansent l'une dans l'autre et des visages qui apparaissent : Einstein, Gandhi, des maîtres indiens, africains, des enfants, des animaux. J'expérimente de nouveau l'amour divin. L'émotion confirme et traduit l'expérience.

Ma conscience prend conscience du temps : l'éternité est dans l'instant présent. C'est le pont. La seconde est l'éternité. En même temps que moi, d'autres vivent cette expérience. Nous sommes interconnectés et interdépendants. Cette conscience en expansion de l'unité du tout est difficile à intégrer; je touche en même temps, à ma droite, la conscience d'un aborigène australien et, à ma gauche la conscience d'un dauphin. Nous sommes UN. Tout ce qui arrive à l'un de nous arrive aux autres. Nous captons tout car nos consciences sont unies.

- Aide-moi à intégrer cette expérience plus vaste que moi, dis-je à l'Univers.

J'ai les bras en croix. De mes mains partent des rayons de lumière qui forment un pont au-dessus de moi. Je fais la paix avec la science. Je me réconcilie avec l'esprit scientifique, avec mon cerveau gauche. On ouvre mes chakra, ma cage thoracique, mon squelette, on m'étire. On m'ouvre afin que j'intègre en moi l'expérience du Tout.

Nous sommes ensemble, tous les guerriers, allongés sur la croix cosmique de l'unité, entre le cosmos et le plan physique. L'invisible et le visible ensemble. Je ressens un point d'intégration au thymus entre la gorge et le coeur. C'est la croix christique de l'unité. Nous

nous asseyons. L'ange met ses mains sur mes épaules. La paix, la sérénité s'installent. Il souffle sur mon crâne et la lumière bleue et blanche descend le long de ma colonne vertébrale.

- Si tous les humains expérimentaient ceci, ce serait la paix et l'harmonie dans le monde.

Je ne sens plus mes mains mais celles de l'ange, non plus ma nuque mais la sienne. Je vais porter mes mains sur mes yeux qui ont besoin de guérison. L'ange envoie des rayons de lumière bleue et blanche dans mes yeux, mon crâne, mon cerveau. Je suis le chemin de la lumière dans les canaux de mon cerveau. Je demande de repartir avec la conscience et l'intégration de ma nature divine dans l'unité et non la séparation, comme d'habitude. Je veux être consciente de ma nature divine en tout temps. Quelle responsabilité! Plus de place pour la cacophonie. Mes vibrations sont élevées. Je tremble à l'intérieur. Je quitte la pièce en riant, euphorique.

- Je repars AVEC l'expérience. C'est plus facile de vivre ainsi.

TRANSITION # 6

21 septembre 1993

Titre :   *Le Réceptacle des Âmes*

Thèmes : *L'école des couleurs. La Source dans une pyramide.*

Lorsque je regarde mon canal d'énergie, je vois un feu qui monte du chakra racine à la couronne. La couronne est un cercle de flammes. Je suis un guerrier de lumière bleue, sur la croix, au centre du cercle de flammes. Les flammes se répandent autour de la croix. Bientôt une flamme jaillit du troisième oeil. Tous les guerriers sont reliés en un cercle. Cette flamme intensifie et ouvre le troisième oeil.

Un ange prend une partie de ces flammes et la porte dans un réceptacle de flammes. Une autre flamme jaillit de nos bouches comme une expiration. Un ange assigné à chacun des guerriers se tient à notre tête. L'être angélique prend une partie de la flamme des bouches et l'ajoute au réceptacle. Le troisième oeil s'ouvre, élargit le crâne et nous permet d'entrer dans cette dimension.

Nous nous retrouvons à l'école des couleurs. Un ange immense nous enseigne. Nous sommes assis en demi-cercle. Il trace un arc-en-ciel orange rose de son bras droit. Il entre dans l'orange rose et devient la couleur. La couleur entre en mouvement et trace un ∞, signe de l'infini. Nous l'imitons. Nous devenons tous UN dans le ∞ infini du orange rose. Le mouvement cesse.

Il se place devant nous et trace le bleu mauve en battant des ailes en cercle. Il entre et se dissout dans le cercle bleu mauve. Nous l'imitons et devenons UN cercle. Le mouvement ralentit.

Il prend la position du derviche tourneur, l'adepte danseur de la tradition Soufi, qui danse en tournoyant sur lui-même, tel une spirale qui l'amène en état de méditation, une main levée vers le Ciel, l'autre tournée vers la Terre. La main droite vers le haut, la gauche vers le bas. Il tourne de gauche à droite et devient une spirale vert émeraude qui se transforme en coquillage. Nous devenons UN. La cage thoracique s'ouvre, la paix s'installe. Le mouvement cesse. Il trace un large arc-en-ciel du bras droit contenant les sept couleurs. Des rayons de lumière partent de son bras droit et tracent l'arc-en-ciel complet en forme de cercle. Nous nous plaçons sur l'arc-en-ciel dans les couleurs. Nous devenons les couleurs. L'arc-en-ciel se met à tourner de plus en plus vite. La lumière se mêle et devient blanche. Nous le percevons qui fait tourner cet anneau de lumière au bout de son bras et l'amène autour des flammes du réceptacle. Désormais nous n'avons plus de forme. Nous sommes le feu et la lumière. Nous sommes UN dans le grand réceptacle des âmes. Nous sommes fondus. D'autres guerriers de lumière arrivent et s'installent autour du réceptacle des âmes. Il leur transmet une partie de la flamme au-dessus du chakra couronne, comme une langue de feu. Ils ont aussi un ange assigné derrière eux. Nous sommes à la fois la flamme au-dessus d'eux et la flamme du réceptacle. L'initiation éternelle se perpétue. Il prend une large portion de la flamme et l'emporte vers l'inconnu.

La galaxie s'éloigne, une autre arrive. Nous la pénétrons en nous pulvérisant. Au centre de cette dimension se tient une forme pyramidale à quatre côtés. Les arêtes sont définies, les parois noires.

Un rayon laser part de nos particules et trace une fente sur une des parois. Elle s'ouvre. C'est la noirceur. Nous entrons dans le noir, comme aspirés, une particule de lumière à la fois. Au centre brille une minuscule lumière blanche. Nous reformons le cercle de particules de lumière autour de la petite lumière. Elle scintille comme un oeil vivant, comme une étoile. Des rayons partent de l'oeil et viennent nous rejoindre. Nous devenons les rayons. L'oeil grossit, sort de son socle comme un oeuf. Mes mains sont unies en triangle sur moi. La lumière prend de plus en plus de place. Les rayons sont répartis autour de la boule de lumière. Ils disparaissent et se fondent dans la lumière. Silence total absolu. Que la lumière!

Ma main gauche se dresse à gauche de la lumière. Un cordon en part et se dirige vers l'arrière loin, très loin. Je vois des images du chemin parcouru. D'un mouvement de balayage de la main droite, j'élimine l'inutile, plusieurs fois, le long du cordon. Je ne garde que l'essentiel. Seules quelques images restent. Puis silence. Je demande à la lumière de me ramener en direct. La forme pyramidale transparente descend au-dessus de mon corps physique et la boule de lumière se place au-dessus de mon plexus. Une voix me parle.

- Demandez et vous recevrez.

L'émotion qui confirme l'expérience s'installe en même temps que les vibrations s'élèvent.

- Je suis la lumière.

L'émotion s'intensifie.

- J'accepte «la lumière» mais j'ai de la difficulté avec «je suis».

Je ne suis pas euphorique comme la dernière fois. Je me sens triste.

24 septembre 1993

Titre :   *Chronos*

Thèmes :   *L'immortalité. L'union de l'humain et du divin.*

Je rêve que je travaille avec la 22ᵉ dimension. Avant
ma session je suis triste et j'ai envie d'un aller simple
vers l'essentiel.

Dans le chakra de ma couronne je retrouve la pyramide de cristal à
quatre côtés, une boule de lumière au centre, la Source blanche. Une
image se superpose : un pharaon allongé dans la pyramide et la
contenant en même temps. Je suis le pharaon. J'entre dans son niveau
de conscience. Il est paré d'or et de pierres bleues. Il est à la fois mort
et immortel. Il n'y a pas de temps chronologique mais un temps
parallèle. Les pharaons avaient la connaissance de l'immortalité. Ils
étaient en permanente union avec leur nature humaine et leur nature
divine. Le pharaon ne perd jamais de vue sa nature divine. Chez
l'humain, la couche de souffrance et d'ignorance se trouve dans l'oubli
de sa nature divine.

Une autre image se présente : un être volant au-dessus des dessins
péruviens de Nazca, la piste d'atterrissage, les repères. Simulta-
nément, l'Île de Pâques et les têtes immortelles pétrifiées, tournées
vers le ciel. Je suis les rayons de lumière des yeux des sculptures,
tournés vers le cosmos. J'entre dans l'aura d'une nouvelle lumière.
Des ellipses circulaires d'or s'entrecroisent.

Au centre de cet espace est assis un être vêtu d'une robe blanche et or,
immaculée. Dans sa main droite, il tient un sceptre dont la tête est
constituée des mêmes ellipses circulaires et le centre est la Terre. Son
visage est cuivré, ses cheveux et sa barbe sont blancs et longs. C'est
Chronos. Il a un rapport avec le temps. C'est le dieu du temps. Ses
yeux ont l'iris or lumineux et la pupille ouverte. Je me dirige vers
l'ouverture des pupilles. Ma conscience s'ouvre et pénètre dans les
deux pupilles en même temps, comme un Y.

Je m'enfonce en parallèle dans le cerveau de Chronos et pénètre dans
les deux hémisphères. Je circule dans les canaux qui se prolongent à

l'infini pour finalement s'échanger d'un hémisphère à l'autre. Le croisement se fait par des ligaments d'or dans l'espace entre les deux hémisphères, un espace rempli de lumière, moins sombre. J'unis mes mains, paumes face à face et j'intègre cet espace. En faisant le geste d'amener mes mains jointes à mon front, une image d'un maître indien-samadhi-saddhou-esthète se superpose. Il porte une tunique simple, ouverte au bras et à l'épaule droits. Il a les cheveux poivre et sel. Ses mains unies à son front transmettent l'espace énergétique à des êtres comme lui, assis en face de lui.

Ceci se passe en pleine nature, au milieu de la végétation luxuriante d'une île tropicale du continent asiatique. Ils sont nombreux à recevoir la transmission de l'immortalité. Je me retrouve prosternée devant Chronos qui me transmet à mon tour l'espace immortel. Je l'intègre dans mon cerveau.

Je revois sur un nuage horizontal dimensionnel Chronos, le pharaon, l'Île de Pâques, Nazca et le maître indien, tous symboles d'immortalité et de lieux sacrés.

Je demande à la lumière de m'aider à intégrer ceci dans chacune de mes cellules et de m'accompagner dans ma nature humaine. Je revois le cordon que j'ai nettoyé du superflu pour n'en garder que l'essentiel, dont ces images.

TRANSITION # 8

28 septembre 1993

Titre :   *Mission, Indicateur de Passage*

Thèmes :   *Responsabilité pour la Terre vivante. Vision macroscopique et microscopique de l'ombre et de la lumière.*

Avant la session, je sens que bientôt ma mission me sera révélée. J'ai mal dormi, j'ai mal à l'estomac, j'ai des brûlures au plexus solaire. Le temps est magnifique. Le soleil sur les flancs des montagnes multicolores donne envie de peindre. C'est l'automne, ma saison favorite.

Le canal d'énergie devient une spirale qui m'entoure et m'aspire dans une forme semblable à une cloche élargie. Je me retrouve dans une cabine de pilotage derrière un être longiforme. L'espace défile devant nos yeux. Nous sommes en orbite autour de la Terre, dans un poste d'observation.

Ma vision est macroscopique et microscopique en même temps. Avec ma vision microscopique de la Terre, je perçois une cellule bien vivante dont le coeur bat au rythme du mien. Nous nous ajustons à la Terre. J'entends le tam-tam amérindien qui pulse au rythme du coeur de la Terre-Mère. Je m'ajuste. Je perçois la Terre comme une cellule bien vivante. Je vois surtout les taches noires telles des taches d'encre aux tentacules bien vivantes. Ces taches ont aussi des racines qui plongent dans le corps de la Terre. Entre ces taches circulent des formes fluides roses, bleues, vertes, turquoises, blanches, qui semblent moins denses. J'entre en contact avec une émotion de tristesse en voyant ces taches comme des clous blessants. La douleur s'intensifie devant des fleuves et des rivières de sang qui coulent des blessures. Je porte en moi la douleur de la Terre. L'être devant moi a les mains croisées dans le dos et se retourne lentement. Le message est passé. Il n'a pas de larmes, ce commando, mais il a des larmes autrement. Je saisis que telle est sa mission : diriger un poste d'observation sur les orbites autour des planètes de l'univers, diriger une opération sauvetage autour des cellules malades de l'univers. Je comprends aussi que j'ai été choisie avec d'autres pour participer à cette opération.

Nous sommes bientôt propulsés, aspirés, attirés vers le macro-scopique. Je sens un déchirement entre l'attraction terrestre pour la Terre et l'attraction pour le cosmos. Une responsabilité pour la Terre. Je me vois géante, flottant dans l'espace, la main droite posée au-dessus de la Terre et la gauche posée sur la sphère de lumière blanche, la Source, sans pyramide de cristal. Autant je me sentais impuissante tout à l'heure, autant je me sens puissante maintenant. L'énergie de la Source commence à circuler à travers moi. D'abord dans la main gauche et la moitié gauche du corps; puis elle entre progressivement dans les ténèbres de la moitié droite de mon corps pour se rendre à la main. Des rayons de lumière sortent de ma main et se transforment en pluie de particules de lumière pour entourer la Terre et l'envelopper.

J'intègre la lumière blanche au plexus. Je me retrouve face à Jésus dont l'image se superpose au commando. Nous sommes tous les trois dans la cabine de pilotage. Je suis en retrait, derrière comme d'habitude, avec la peur d'être en avant et de savoir. Un espace se crée entre eux. Je m'avance. On me montre de nouveau la Terre.

- Dévoilez-moi une image plus positive!

Je vois un manteau énergétique, une Terre bleue et or entourer la Terre blessée. En un instant, verticalement, nous revenons au plan physique. Nous passons dans un canal étroit entre les tentacules des formes noires. J'intègre, en plaçant mes mains jointes vers le chakra racine. On me dit que ma mission est de devenir indicateur de Passage. J'ai choisi, avec d'autres, d'être indicateur de Passage. Je leur demande de m'aider en me laissant rencontrer, à partir de maintenant, les autres collaborateurs de la mission et en maintenant avec eux une communication directe précise, claire, constante sur ce que j'ai à faire.

- Quelle expérience! dis-je à bout de souffle. Je ressens l'urgence pour la Terre et ses habitants. Je croyais que nous étions à la limite du non-retour, je ressens la détresse douloureuse du « trop tard ». Se peut-il que ce soit trop tard et qu'il faille que j'accepte cette vision apocalyptique?

À mon retour, le temps a changé. Des cumulus noirs, menaçants, lourds de pluie, couvrent la vallée. Une percée de ciel bleu, un passage étroit se crée au-dessus de chez moi.

TRANSITION # 9

20 Octobre 1993

Titre :　　*La Communication Interdimensionnelle*

Thèmes :　*Dans la diversité, il y a l'unité. La transmission de l'ultrason, une haute fréquence vibratoire.*

J'entends une fréquence vibratoire dans mon oreille droite, un son de haute fréquence. Je reçois une communication inter-dimensionnelle, branchée sur le son du divin, le son de l'univers. Le son est tellement fort qu'il interfère avec le magnétophone qu'il faut arrêter. J'ai le bas du dos bloqué.

Sur cet ultrason se superpose une vision : des stèles de cristal, un guide vert émeraude déjà rencontré en Antigymnastique, des cristaux comme de la glace. L'ultrason provient-il d'un dauphin, d'une baleine, d'une vibration stellaire ou autre? Je suis assise face au guide. Ses yeux vert émeraude ont un espace noir au centre, dans lequel ma conscience entre. Je deviens sa conscience. Il me conduit à travers des stèles de cristaux jusqu'à une place circulaire en gradins. Il y a un cercle au centre des gradins. Il a convoqué d'autres êtres à une réunion. Nous prenons place. Le premier être se présente, une présence féminine, vêtue de vêtements amples de couleur foncée, portant sur son crâne des antennes et une auréole violet lumineux, translucide comme un néon.

Le deuxième, à sa gauche, est un vieillard tout blanc, très âgé, portant un sceptre à la main. C'est un être sans âge incarnant la stabilité du temps. À sa gauche, un troisième personnage arrive, un ensemble de formes géométriques en état d'instabilité, plutôt en mouvement perpétuel. Il est moins grand que le vieillard, il fait la moitié de sa taille. Un vrai mobile. Je continue de détecter à l'aide de mes mains. Chacun des êtres provient d'une partie de l'univers. Ils sont invités à se rencontrer ici. À droite de la présence féminine, une quatrième forme, un oeuf lumineux se présente, régulier, doré, blanc, ses vibrations sont très élevées. Il s'avance en sortant d'entre les stèles. Il ressemble à un cocon. Chacun des êtres émet des sons vibratoires différents, cacophoniques, que je ne connais pas et ne peut capter. C'est complètement inconnu pour moi.

À gauche du mobile géométrique, un cinquième être, sans forme, très long, une vibration violet, plus grand que tous ceux réunis, prend sa place. C'est une essence d'énergie, comme une flamme translucide.

J'ai l'impression d'être dans le guide vert émeraude, dans le cercle, et à la fois assise dans l'espace à contempler ce cercle qui serait une partie de ma conscience. Je reviens à la réunion. Les sons vibratoires cessent et font place au silence. Le toit s'ouvre et je vois apparaître la voûte étoilée de l'espace noir. J'ai la sensation que le cercle se déplace, qu'il est en mouvement quelque part dans une dimension.

Un ultrason part de l'oreille droite du guide émeraude et émet une transmission à l'être violet à sa droite, qui le reçoit et le laisse vibrer dans sa matière, dans sa forme, puis la transmet au mobile... et ainsi de suite... le mobile la transmet au sage qui la laisse vibrer dans sa forme vibratoire, puis la transmet à l'être féminin. Je remarque une intensification de la lumière, de l'antenne de la forme. Elle enlève son enveloppe, devient un corps d'énergie et porte un collant lumineux. Elle transmet la vibration à l'oeuf qui intensifie sa lumière dorée. Puis le son revient à l'être émeraude.

Le guide émeraude me dit :

- Au sein de la diversité, il y a une vibration d'unité!

Voilà une leçon importante. Que des êtres aussi différents arrivent à communiquer par leurs vibrations!

- Nous sommes bien loin de cette communication vibratoire sur Terre. Sur ce plan terrestre, il y a encore beaucoup d'énergie appartenant aux trois premières dimensions. Rares sont ceux qui peuvent recevoir cette communication vibratoire des dimensions plus élevées, car les décalages vibratoires sont très forts.

- Enseignez-moi à manifester ceci sur Terre!

Un sixième être surgit à droite de l'oeuf, un dauphin, ayant la capacité de communiquer par les énergies vibratoires. Lorsque la communication circule, chaque émission vibratoire s'ajuste dans la forme et vient créer l'équilibre.

- Dans ce cercle-ci, la communication circule bien. Dans le plan terrestre, les émissions vibratoires primaires créent des blocages et empêchent l'équilibre vibratoire. Ces émissions se nomment peur, lutte pour la survie, souffrance. Sur Terre, il y a un conflit entre la lumière et les ténèbres, entre l'essence divine et l'essence humaine. Une lutte est à l'oeuvre en ce moment.

Je suis soulagée de participer en même temps à la réunion des êtres interdimensionnels. Je ressens la densité des plans terrestres et la légèreté du plan cosmique. Ce qui est transmis dans la diversité c'est l'unité, l'harmonie vibratoire et la vraie télépathie, celle qui communique les hautes fréquences.

Chez les dauphins, le point de transmission est le sonar qui ressemble à la porte que nous avons entre le troisième oeil et la couronne. Nous pouvons nous brancher sur les hautes fréquences, si nous le choisissons. Je sens le déchirement entre ce qui est en haut et ce qui est en bas. Le êtres interdimensionnels communiquent par le son vibratoire et par les rayons de lumière des mains lorsqu'ils en ont. Ils ne peuvent pas vivre dans la densité de la Terre, ils peuvent communiquer par la conscience et non dans une forme matérielle sur Terre. Je reviens dans ma forme et j'intègre ce niveau de conscience dans le mien. Il y était déjà mais aujourd'hui je viens de le réveiller.

- Je suis fascinée de pouvoir être ici et là, dans deux endroits en même temps.

L'origine du son revient à mon oreille. C'est le son de l'Univers, la vibration de l'Unité interdimensionnelle. Je permets au son vibratoire de s'installer à travers mes différents corps subtils et mes centres d'énergie. C'est le son du Silence, le son divin.

- Aujourd'hui, les êtres m'ont contactée pour m'amener à être à l'écoute, pour avoir un contact direct, pour être reliée à eux et aux autres êtres sur Terre qui les captent, pour unifier le réseau de conscience humaine de ceux qui sont prêts à l'entendre, à vibrer à ces fréquences et pour continuer à accéder aux facultés illimitées de l'univers.

TRANSITION # 10

26 Octobre 1993

Titre :   *Le Gardien du Seuil*

Thèmes :   *Les transformations. Le choix.*

Je me vois allongée au fond de l'eau, morte. Je suis remplie d'eau, gonflée. De mon corps sort une forme aquatique, fluide, aux grands yeux et aux cheveux épars, flottants. Elle s'éloigne et se dirige vers un palais de verre turquoise dont la moitié repose dans l'eau, l'autre moitié sort vers le ciel.

Je pénètre dans une ouverture du palais et je suis propulsée vers le haut dans un univers blanc, comme un nuage. Je file et ascensionne à toute vitesse. Je deviens légère et vaporeuse comme un nuage. Il me pousse des ailes, je suis couverte de duvet. Deux êtres ailés apparaissent de chaque côté. Une percée se fait dans le blanc et je vois apparaître du bleu ciel. Je pénètre dans les cellules bleues. Je deviens les cellules. Elles prennent de l'expansion et l'espace s'agrandit entre les cellules bleues. L'argent fluide apparaît entre les cylindres bleus et forme à son tour des cylindres dans lesquels je pénètre. L'argent est comme un miroir au centre duquel je me trouve. Je vois les différentes parties de moi : l'être angélique, l'ombre, une forme verte, une forme violet, un enfant... et bien d'autres... Une flamme s'allume à la base du cylindre, s'intensifie, monte et purifie toutes les images. L'incandescence me propulse à travers le cercle de feu et je continue à filer au-delà. J'arrive dans une autre dimension comme si j'atterrissais sur une plate-forme dans une atmosphère de particules lilas. Une forme violet s'y dessine, un être enveloppé dans une cape violet. Je vois son visage sous le capuchon. C'est un squelette. Il Est la Mort. Il est le Gardien du Passage, le Gardien du Seuil. L'heure est grave, il n'entend pas à rire. Il a l'air serein, sérieux, détaché.

- Ici, tu as un choix à faire, dit-il d'un ton grave et solennel. Un aller simple de ta conscience ou un aller-retour avec ta forme si tu sais te dématérialiser.

J'hésite. Je sais que c'est un point crucial, que je ne suis pas prête, que j'ai envie de vivre encore...

- Je t'attendrai... je reste ici...

Je reviens dans l'eau, je m'assieds. Je sens que j'ai été assommée, que je reviens de loin.

- Est-ce le début ou la fin? me dis-je intérieurement. Je réalise que pour traverser ce passage, il me faut purifier ma forme à l'extrême et ascensionner avec elle. Je vais y travailler.

C'est la dernière session accompagnée d'un guide extérieur. Les prochaines fois, à partir de maintenant, je poursuivrai seule les explorations. Je vivrai ce que plus tard je nommerai l'auto-mort-consciente. C'était mon anniversaire terrestre il y a quatre jours, le 22 octobre. J'ai eu 44 ans, l'âge qu'avait mon père lorsqu'il a fait le Passage. Je meurs et je renais comme à chacun de mes anniversaires.

PASSAGE 5

DE THÉRAPEUTE À TERRE-APÔTRE

En route vers Samana

Je suis arrivé à la Terre de l'Éternité, je me suis
joint à la Terre de l'Éternel et c'est vous qui l'avez
commandé pour moi, mon Seigneur[*]*.*

e monde s'écroule autour de moi. En 24 heures, je perds
«mon» compagnon, «mon» fils, «ma» propriété, «mes» chiens,
«ma» sécurité. «Mon» ego est décapé jusqu'à l'os. Je pleure
comme une rivière depuis sept jours en me rendant à
l'aéroport de Mirabel. Je suis en rogne contre la vie, l'univers, et
Dieu. L'avion a trois heures de retard.

Je m'écrase sous un chapeau de paille rouge et je m'obstrue les
oreilles avec mon Walkman toute la durée du vol. Je ferme «mon»
plexus, «mon» coeur, «ma» couronne, «ma» conscience au monde, aux
nuages et à la turbulence incessante. On atterrit en cahotant violemment sur l'aéroport de Puerto Plata. Quisqueya, Terre de Lumière,
n'en porte que le nom cette nuit. Il est minuit, rien ne va plus.

La chaleur tropicale du convoyeur à bagages dissout subtilement ma
colère et ma peine au compte-gouttes. Chaque seconde qui passe fait
fondre mes frustrations et me rapproche de ma vraie nature. Je
m'ajuste déjà aux vibrations de cette île aimée; les effluves des
flamboyants et des bougainvilliers se glissent à travers les cabines des
douaniers et déposent un baume de bienvenue sur mes plaies à vif.
Ma chair douloureuse se calme, mes blessures à fleur de peau
s'apaisent. Je respire la douceur du vent salin qui m'accueille encore
une fois à bras ouverts.

Un autobus nous attend. On s'enfonce à l'arrière, tout près des
bagages empilés dans le chariot annexé.

- Tout le monde est à bord, confirme le chauffeur après avoir passé
en revue la liste des noms.

---

[*]   *Livre des Morts,* op. cit.

On démarre sans délai, bien déterminés à laisser couler les quatre heures qui nous séparent encore de notre destination : Samana, la pointe Est du Nord de l'île. La brise chaude du large masse et détend nos épidermes nordiques. Les villes et les villages défilent aimablement sous nos yeux endormis : Sosua, Cabarete, Rio San Juan, Cabrera, Nagua, Samana. Tels des mantras, les sonorités de ces noms remplacent les images asphaltées de nos quotidiens. L'état méditatif s'installe. Le voyage initiatique vient de commencer.

J'ai pris place la dernière au centre du dernier banc. Je visualise un rayon de lumière vert qui part de mon coeur et va, de gauche à droite, s'enrouler dans les coeurs de chacune des personnes à bord du grand véhicule. Je débute mon travail :

- Sarah, que dirais-tu de venir assister un groupe de guérisseurs, me demande Lakshmi, il y a trois semaines.

J'ai une très forte sensation de déjà vu, comme si nous avions déjà fait ce périple en d'autres temps, d'autres lieux, en Inde par exemple.

Le sommeil circule entre les rangées de corps parfois subtils, parfois moins. Les inconscients se connectent par leurs fils invisibles le long des réseaux de leurs méandres inconnus. Nous prenons contact à notre insu. Soudain, dans les profondeurs de la nuit, un bruit infernal se produit à la base de mon sacrum : le chariot à mallettes vient de se décrocher, en direction du fossé. Alerte générale : les bagages rebondissent sur le pavé au milieu de nulle part. Le chauffeur immobilise le grand véhicule, fait demi-tour et vient constater les dégâts. Tout le monde descend, à la recherche de son bien. C'est intéressant d'observer le jeu des valises et des humains.

- Ma valise, ma valise...

Avec quelle anxiété certains se précipitent sur leurs «choses» et, sans attendre, vont les camoufler dans l'autobus alors que d'autres, calmement, les replacent dans le chariot annexé, encore tout présents à leurs rêves.

De chaque côté de la route, la forêt qui semblait déserte s'anime, à notre grande surprise. Une, deux, bientôt plusieurs personnes réveillées par le choc routier sortent de leurs maisons et viennent à notre rencontre, paisiblement.

- *Que paso?* demandent-ils intrigués.

Tels des lutins, des elfes et des gnomes de la forêt enchantée, ils viennent porter secours au chauffeur désemparé. On s'affaire, on discute, on invente des bouts de broches, des cordes, on crée des serrures magiques issues du néant, on raccroche dans le vide un chariot illusion tenu par trois grosses pierres, matérialisées à partir de rien.

- *Esta bien!* confirment-ils, satisfaits et joyeux.

Et le tour est joué. Contre toute logique occidentale, les magiciens de la nuit ont recousu les morceaux et le tout tiendra bon jusqu'à l'hôtel!

- *Adios!* lancent-ils amusés.

Nous voilà débarqués au pays des merveilles d'Alice. Ce n'est que le début. Cinq heures du matin... les portiers aux yeux de brume poussent la grille de fer forgé qui sépare le monde de la vie du monde du rêve. Un hôtel d'Ali Baba nous souhaite la bienvenue et accueille à pas feutrés cinq d'entre nous.

- *Señoras y señores, bienvenidos!*

Nos pieds alourdis glissent sur le marbre multicolore et réveillent nos mémoires méditerranéennes. Était-ce Casablanca, Djerba ou Malaga? La fatigue nous conduit aveuglément dans les bras réconfortants de nos chambres hôtesses qui protégeront nos voyages nocturnes durant 14 jours. Pendant ce temps, le reste du groupe ascensionne pour la première fois le sentier sinueux conduisant au paradis des villas, nichées tels des nids d'aigles royaux, au sommet du monde. Le jour s'est levé bien avant moi en ce premier matin et tente désespérément de m'éveiller depuis quelques heures. Mon corps lourd de fatigue ne peut résister à la curiosité lumineuse du balcon, qui tangue, telle une passerelle de paquebot au-dessus de l'océan gigantesque.

- Suis-je en croisière ou à l'hôtel?

La terre se balance sous mes pieds et m'insuffle son mouvement. Vivement une douche d'eau fraîche pour chasser l'illusion. Cette fois, c'est réel. Devant moi se profile une île verte et dorée, allongée comme un chat sur un tapis moelleux, turquoise argenté. Le soleil se joue de mon cerveau et du paysage.

-Tu enseignes dès cet après-midi l'introduction au langage symbolique de l'inconscient à travers les rêves, m'annonce Lakshmi.

- Pourquoi pas? J'y suis déjà plongée.

Nous escaladons pour la première fois, à bord de la camionnette, la montée des villas, résidences du groupe. L'escalier majestueux nous amène au centre d'un domaine somptueux qui éveille chez certains des souvenirs d'Afrique, chez d'autres d'Indonésie, de Malaisie ou de l'Inde.

- *Ricissimo!* Quelle richesse! Quelle abondance! Quelle lumière! ne puis-je m'empêcher de m'exclamer.

Je me pince pour vérifier si je rêve... les chambres vastes, immaculées, silencieuses, se nichent par-ci, par-là dans les chevelures touffues des arbres aux longs bras feuillus et s'y perdent... comme nous d'ailleurs. La piscine limpide est incrustée à même la falaise qui surplombe à haute altitude une mer étincelante, parsemée d'îles et d'îlots dociles. Une blanche palissade de style grec l'entoure, l'enveloppe, la protège. Ma curiosité d'enfant émerveillée me conduit à l'arrière du plus haut balcon de la somptueuse résidence. Seule, bien entendu, à l'écart, isolée, comme chaque fois que je veux prier ou faire un «mauvais coup». L'espiègle en moi m'a toujours procuré les plus belles découvertes. Et là, *Kaboum!* Mon coeur flanche devant tant de beauté! Mon sang ne fait qu'un tour, quitte mon corps et va se joindre aux aigles qui survolent le sommet de la montagne, ici, à l'arrière plan. Je sens monter en moi l'énergie insoutenable de l'émerveillement et de la gratitude. Le vent doux caresse mon visage, mon corps, mon esprit, ma conscience et mon âme qui lui répondent en gouttelettes de sel roulant sans retenue sur mon cou. Je retrouve le même choc que j'avais eu dans les montagnes luxuriantes d'Hawaii, où je suis née la première fois sur cette planète, il y a plus de 300 000 ans. Le temps s'arrête, l'espace s'ouvre. Au-delà de mon âme, mon essence se réjouit. Je m'abreuve de vie. Chacune de mes cellules respire.

- Je veux vivre et mourir ici.

Je m'arrache à l'emprise du vent de la montagne et rejoins le groupe pour l'ouverture de la formation. J'entends mon coeur battre la chamade, car je sais que l'on va très vite s'adresser directement à moi et me jeter nue dans l'arène des émotions :

- Et vous, Sarah, qu'avez-vous perdu pour venir ici?

Ma gorge s'agite. Vais-je m'étouffer? Et non, mes cordes vocales se débrouillent tant bien que mal pour répondre :

- Tout. J'ai tout perdu : maison, partenaire, fils, terre, chiens, en 24 heures... ainsi qu'une grosse tranche d'ego.

Et voilà que 22 personnes s'entendent dire, après avoir énuméré leurs pertes :

- C'est merveilleux! Vous avez tout perdu, ainsi vous allez tout gagner...

Des rires et des sourires sceptiques se croisent du regard, amenant déjà une certaine paix, un certain calme dans la grande pièce confortable aux meubles de rotin vert roseau. Mon regard se glisse, comme il le fera des centaines de fois à partir de maintenant, à travers les larges fenêtres sans vitres et se laisse aller loin, loin, si loin...

Je brise la glace du premier cours du langage symbolique de l'inconscient et de l'interprétation des rêves.

- Les Rêves sont un miroir sans trucages de vous-mêmes. Ils ne mentent pas...

Au début, j'ai toujours l'impression d'enseigner le chinois. Peu à peu les tensions se dénouent, les esprits et les coeurs s'ouvrent et nous nageons dans l'océan fluide de la réceptivité. Telle une acrobate, je fais danser les symboles au bout de mes bras, par-dessus nos têtes, en suspension dans la grande psyché bleue collective. La psyché se dénoue, se déroule sur elle-même et entame une danse du ventre au rythme de plus en plus effréné. Elle virevolte, saute, se trémousse, tantôt sensuelle, tantôt vengeresse... Tour à tour, les animus embrassent les vierges blanches ou noires dans l'ombre et la lumière du vaste château du Soi. Les chiens d'or côtoient les dragons sous le regard attendri d'un grand-père Merlin. Et nous plongeons, de plus en plus profondément et longtemps, dans les eaux houleuses du magma cosmique, à la recherche de vallées secrètes enfouies sous les décombres du temps.

Plusieurs resteront silencieux pendant des jours et des jours. Je me laisse emporter.

- Les rêves les plus anodins cachent parfois les secrets les plus intimes jamais encore dévoilés... les rêves sont impudiques et traîtres... ils trahissent l'image, les couches calcifiées de la fausse personnalité et font craquer les masques... les rêves vous mettent à nu impitoyablement, vous déshabillent d'un coup de griffes mortelles... les rêves vous entraînent sous la crudité lumineuse de la vérité et font tomber les autels de pacotille et les sépulcres blanchis... les rêves déterrent les vieux os pourris de nos cadavres... nul ne peut se cacher derrière son rêve... les rêves nous éventrent et offrent aux corbeaux nos viscères fumantes...

J'observe les regards perdus dans l'inconscient et je continue.

- Les rêves sont aussi guérisseurs... ils nous prennent dans leurs bras réconfortants et nous bercent toute la nuit quand nos coeurs sont trop lourds... ils nous amènent au pays magique des princesses et des fées sur les ailes d'un aigle... ils nous métamorphosent en roi bon et puissant, régnant sur son royaume enchanté... les rêves nous couvrent d'or et de lumière, nous indiquent la route de la vallée des trésors.... les rêves nous amènent sur un cheval blanc unicorne au-delà des étoiles, des galaxies, des univers...

À partir d'ici, personne ne dormira et ne rêvera plus de la même manière qu'auparavant... Ensuite vient la première vraie nuit. Je ne me souviendrai plus de mes rêves durant les deux prochaines semaines. J'anesthésie en même temps une partie de mon cerveau nommée peine et douleur du coeur, partie vulnérable et inconsolable depuis une semaine, ruisselant sur mes joues, mes épaules, mes oreilles, mes amis... On me demande d'assister aux traitements et interventions de guérison qui sont donnés aux participants, dès la deuxième journée et ce, pendant trois jours.

Je commence alors à naviguer dans un monde nouveau, inconnu... à nager avec ceux et celles qui ne nagent pas dans l'eau... Je croyais naïvement que j'avais déjà versé toutes les larmes de mon corps. Eh non ! Je n'avais pas asséché le puits. Chacune des interventions ouvre mon coeur davantage; je touche de plus en plus l'amour incondi-tionnel... les doigts de lumière pénètrent doucement, mais fermement, les consciences, les coeurs, les fermetures, les blessures... ils tracent des sillons d'amour à travers l'épaisseur des carcans et des forteresses érigées en guise de protection, autour des enceintes de la vulnérabilité des enfants blessés.

Durant trois jours, j'assiste l'innommable, je prends racine dans le miracle de la médecine spirituelle et je m'incline en toute humilité devant la puissance de l'Énergie. Mon armure fond au même rythme que les pierres de la colère, les portes d'acier des coeurs, les espaces colonisés des ventres et les voiles grisâtres des consciences. Je vois danser l'invisible sous mes yeux embués. La tristesse, la peur, le non-amour prennent des formes vivantes et palpables sous les mains de lumière. Les enfants renaissent sur les ailes du papillon turquoise du thymus. Des enfants mal aimés retrouvent la liberté de respirer et la joie de chanter librement.

- Je me sens privilégiée et bénie d'être aussi près du divin dans l'action, dis-je, les larmes aux yeux.

Je remercie, au-delà des mots, la générosité de l'univers. Je me sens humble et petite devant l'immense sollicitude du divin à l'oeuvre. On peut véritablement descendre la magie du ciel sur Terre. J'en suis témoin. Je suis témoin de l'accouchement parfois pénible de l'être de lumière présent en chacun de nous. La lumière m'éblouit. À la fin des trois journées d'interventions énergétiques, je ne sais plus qui je suis. Je sens que l'on m'a décapée encore une fois et que cette fois on arrive vraiment au bois pur, à l'essence du bois. Je me sens à la fois forte et fragile, seule et unie, grande et petite, immatérielle et matérielle. Comment expliquer par des mots les états subtils de la transmutation? Je voudrais être une alchimiste de l'écriture, une sage-femme de la transformation. Mais je suis de plus en plus «rien» de ce que je croyais que j'étais. La mer, le soleil, la nature ont la merveilleuse faculté de nous rappeler notre nature terrestre, notre connexion à la terre. Je m'y abandonne chaque jour pour me ressourcer et retomber sur mes pattes comme les chats. Les gens du pays également, les dominicains, se fusionnent aux hautes énergies du lieu et d'un oeil malicieux nous rappellent qu'ici, c'est la Terre. Ils rigolent aimablement de nous voir circuler.

- *Que hacen ustedes*? Que faites-vous?

Je m'empresse toujours de répondre :

- Nous pratiquons la méditation. Nous méditons sur différents sujets.

Ils nous accueillent avec respect et simplicité, eux, dont l'héritage est le paradis... Vient ensuite la première «fin de semaine». C'est étrange, lorsque l'on travaille avec l'énergie intemporelle et a-spatiale, de segmenter et disséquer ainsi des portions de temps. À Samana, les levers de soleil sont immortels... les visions éternelles... Néanmoins, j'ai été désignée sujet pour les enseignements du Chi spontané, dispensés par Woustade. C'est ainsi que je me retrouve, allongée sur une table de massage, complètement abandonnée entre ses mains énergétiques, devant 44 yeux incrédules. J'entends, je vois presque les *glou-glous* de mon ventre, à mesure que le Chi me pénètre. J'ai l'impression de reposer dans le ventre d'une grotte ancienne, à écouter tomber les gouttes d'eau des stalagmites. Je suis subitement entourée de cylindres, dix, auxquels je suis reliée par des fils invisibles partant des chakra et des méridiens de mes corps. Je me sens telle une montgolfière que l'on retient de force au sol, un voilier que l'on ancre au port. Je m'habitue lentement à la sensation de la densité terrestre, moi dont la conscience se déplace toujours en altitude, au dessus des nuages.

- Comment te sens-tu? s'informe-t-il au milieu du traitement, les mains en l'air, suspendues à des fils électriques invisibles.

- Comme un arbre séphirotique. J'ai l'impression que mes doigts sont reliés par des fils aux étoiles.

Je ne sais plus si j'en veux au maître chinois Sang-Fu et au maître de l'étoile Arcturus, Christonôme, qui guident Woustade dans ses mouvements ou si je les remercie de collaborer avec acharnement à mon incarnation sur Terre... J'ai jusqu'ici cru vivre mon passage terrien sans trop m'impliquer, comme on effleure du bout des doigts une orchidée. Voilà que je prends à pleines mains une grosse brassée de fleurs sauvages. Je comprends uniquement le lundi matin pourquoi j'ai eu le privilège de goûter l'attraction terrestre et l'enracinement profond. Le petit bateau jaune et rouge se berce nonchalamment dans les eaux de la baie, incertain de vouloir nous prendre à son bord.

- Se peut-il que le Karma du lundi matin soit arrivé jusqu'ici? dis-je à l'un des participants.

Finalement le groupe presque entier embarque en direction de Cayo Levantado. Nous restons cinq sur le quai, à attendre le deuxième départ. La vague agressive claque sur le rocher rongé. Les cailloux polis ruissellent dans l'écume, imitant le doux grésil du *baton de lluvia*, le bâton de pluie, utilisé comme instrument de musique traditionnelle au Guatemala. Je suis attirée loin des autres jusqu'à l'extrémité du quai. Je m'assieds en position de méditation, face au vent. Une vague immense, incommensurable monte en moi, tel un raz-de-marée. Elle déferle sur le rivage de mes émotions les plus vives, sur mes blessures les plus fraîches. Le sel de mer vient chercher du fond de mon âme une longue plainte, une lointaine douleur trop longtemps enfouie. Je me déterre peu à peu sous le vent et la vague. Je hurle dans le vent :

- Je lâche prise. Je m'abandonne. Ram, emporte l'inutile. Je me rends.

Mes larmes s'unissent à l'océan, pour mieux se camoufler pendant la traversée.

- *Bienvenidos en Paraiso!* Bienvenue au Paradis! lance le capitaine.

Le sentier rocailleux, conduisant d'un bout à l'autre de l'île, est bordé d'arbres géants dont les racines, émergeant du sol, sont aussi grosses que les branches d'où partent d'autres racines. Inouï! La forêt enchantée! Excalibur! Gandalf! Bilbo le Hobbit et tous les autres! Arrivée au Mirador, lieu de rencontre du groupe, j'ai repris tous mes sens... pour mieux les reperdre.

Le Mirador est un lieu d'observation, une sorte de belvédère, installé en demi-cercle sur la pointe d'un promontoire, faisant face à l'océan infini étincelant de lumière et de soleil. Des îlots, piqués çà et là sous nos regards aveuglés, hébergent des pélicans majestueux en été et des baleines royales en hiver.

- Bienvenue au Paradis!

Mon coeur bat la chamade devant cette beauté insoutenable.

Le rituel a lieu de 9 h 30 à 10 heures. Nous sommes deux, Woustade et moi, à donner le rythme, à l'aide de cymbales tibétaines. L'instant est sacré. J'ai été préparée tout à l'heure sur le quai, pour mieux le savourer. Le premier son résonne dans l'infini. Le silence donne sa place au vent du large et à la vague. Des minutes éternelles plus tard, un nouveau son... puis un autre. Je sens soudain une présence derrière moi. Un être de lumière dorée, éblouissant, très grand, très imposant. Il s'approche. Ses bras entourent les miens. Mes mains deviennent Ses mains. Ses longues mains lumineuses soulèvent les miennes, jointes très haut vers le cosmos, à la recherche de la lumière divine. La lumière est atteinte et ramenée vers la Terre. L'Être est en moi. Je suis dans l'Être. Pendant dix minutes terrestres, je suis totalement fondue à cette énergie vibratoire de guérison.

Un autre son vibre dans l'air... puis un autre... et c'est terminé... le temps s'est arrêté. Je ne sais plus si je respire autre chose que la lumière. Que s'est-il passé?

«*Fixez le paysage. Fermez les yeux. Rouvrez les yeux. Fixez le paysage. Il est autre...*» (écrivait Hervé Hammon, dans la revue GEO de juillet 1994, sur les îles de Bretagne.)

Je me sens «autre» pour l'éternité. Peut-être ai-je tout simplement touché mon essence, la partie angélique, divine en moi? Je célèbre le reste de la journée à méditer dans mon masque turquoise de plongée, flottant sur la masse turquoise du Paradis.

- Sarah, tu as reçu une forte dose énergétique de guérison... me dit Lakshmi, à mon retour de l'île.

Je suis émue, touchée, reconnaissante. J'ai tout perdu... j'ai tout gagné... Je comprends en même temps que rien n'est acquis, qu'on ne gagne rien... on s'ouvre et on retrouve, tout simplement.

Le lendemain soir, nous allons à la rencontre de nos guides intérieurs au cours d'une méditation. Je m'attends à des rencontres avec de grands maîtres, Rama Krishna, Ramsès, Christ, Bouddha, les Archanges... et bien d'autres. Quelle heureuse surprise de me retrouver avec mes guides terrestres incarnés parmi les personnes tout près de moi ou qui l'ont été! Je reconnais comment chacune des personnes qui croise ou a croisé ma vie est un guide important dans mon existence. Je remercie le Ciel de me faire comprendre une aussi simple vérité, une aussi tangible réalité. Je peux m'incliner devant la divinité présente en chacun de nous, en toute humilité. Je comprends aussi l'inutilité pour une montgolfière de voguer à la dérive, sans attaches, personne dans sa nacelle. LA PLUS HAUTE ILLUMINATION N'A DE SENS QU'À TRAVERS LES RACINES DE L'INCARNATION. Je comprends la subtile différence entre la lumière de l'étoile filante et celle du lampadaire. L'intensité de mes racines me permet de ressentir davantage, à la fin de la formation, l'intensité de la transmission de lumière que nous recevons lors de l'initiation des chakra supérieurs. Les vagues d'émotions qui circulent dans le groupe le confirment. Nous touchons de très près l'Amour incarné. La dernière journée se termine par une célébration joyeuse de nos existences, au sommet d'une montagne désormais sacrée, surplombant l'océan argenté et la lune naissante.

Le lendemain, le jour du retour, la plupart retournent à bord de l'autobus. Certains, dont je suis, dans la camionnette. Nous sommes imprégnés de lumière et de silence. Le paysage défile, de jour cette fois. La population s'affaire à son jardin, son champ, son commerce. Mon coeur se gonfle de compassion à chaque kilomètre. Je constate bientôt que tout le monde pleure en silence, sans réserve, le chakra du coeur ouvert à n'en plus finir. Une fissure s'est créée entre nos coeurs, nos consciences et l'Univers. Dans cette fissure, nous sommes Un. La misère des autres est nôtre, leur souffrance, leur Amour également. La fin de la formation devient le début de la transformation.

LA CRÈTE : UNE TERRE DE LAIT ET DE MIEL

Allez vers l'endroit heureux où nous accourons[*].

Bonjour Sarah. C'est Lakshmi. Es-tu bien assise?

- Attends une minute. Ça y est, dis-je, en me laissant tomber dans les bras du futon sofa.

- Tu es invitée en Crète en octobre. Nous serons sept pour explorer les lieux de la prochaine formation...

- ...

- Allô! Es-tu là?

Je réponds distraitement.

- Oui. Je suis encore à vivre le deuil de ma terre... alors je ne suis pas toujours présente...

- Tu vas bientôt comprendre ce que je t'ai dit récemment... tu as perdu ta terre, mais tu as gagné la Terre...

Sous les ailes du grand oiseau de métal, à 35 000 pieds d'altitude, une mer ouateuse enveloppe les Alpes. La Ville-Lumières n'est bientôt plus qu'un doux souvenir de succulent Bourgogne, de cèpes et de girolles. J'entends encore Jacques, le marchand de vins au *Bourguignon du Marais*, murmurer à une cliente ébahie devant les huîtres bretonnes vert émeraude :

- Fermez les yeux... Vous entendrez la mer...

La Vieille France tout autant que la Nouvelle s'estompent dans le paysage de mon troisième oeil, comme le brouillard d'octobre à l'aube d'un matin de soleil. Nous nous envolons vers la Crète, à la recherche de lieux initiatiques à réveiller. Une première escale de quelques heures nous amène au centre-ville d'Athènes, sous une pluie grise et glacée. Nous dégustons la moussaka, au pied d'une Acropole em-

---

[*]   *Livre des Morts*, op. cit.

143

poussiérée par le temps et le tourisme. Sous les yeux pesants de fatigue des vestiges de l'Antique Grèce glorieuse, nous dédions notre premier rituel aux fruits de la vigne locale :

- À la quintessence de la Retzina!

C'est la première fois que je viens en Grèce. Déjà, le nectar des vignes se met à l'oeuvre dans mon corps physique et me réconcilie avec la perte du sacré trop évidente dans la capitale polluée. J'apprends les premiers et uniques mots que j'utiliserai pendant sept jours :

- *Kalimera et Kalispera!* Bonjour et Bonsoir!

De la langue grecque, je ne m'intéresse en ce moment qu'aux hiéroglyphes de l'écriture.

Une longue et périlleuse tentative pour trouver un taxi nous laisse croire que l'âme grecque refuse de nous conduire à l'aéroport, sous prétexte que nous ne l'avons pas apprivoisée suffisamment longtemps. Finalement, nous sommes libérés. Nous amorçons l'atterrissage de nuit sur Hêraklion, capitale crétoise.

Nous passons tant bien que mal à travers la foule massée à l'intérieur de l'aéroport. Des dizaines d'hommes, à l'allure turque, accueillent chaleureusement amis et famille de retour ou de passage. L'espace d'un instant, je me demande si nous sommes à Istanbul. Une mémoire s'avive...

Hêraklion la mystérieuse repose tranquillement sous un autre déluge de pluie, chaude, cette fois.

- C'est la Bénédiction du Ciel! annonce l'un de nous.

J'admire l'unilinguisme des panneaux indicateurs mais, à 01 h 00 du matin, nous devons faire un acte de foi et nous fier à nos intuitions et à notre bonne étoile pour nous rendre à *Creta Beach Hotel*, en bordure du port.

Je m'endors tel un bébé, convaincue d'un autre miracle : je ferme les yeux et j'entends la mer qui berce les flancs de la plus ancienne civilisation méditerranéenne. Nous passerons deux jours ici, en attente du reste du groupe. Nous serons sept au total. Le petit matin nous réserve deux surprises : une chaîne de montagnes rose et or à l'autre bout du rivage et, parmi les choix succulents du petit déjeuner, le yaourt crémeux au miel d'herbes sauvages. Je remercie mon âme qui ne cesse de me faire des cadeaux en cette semaine pré-anniversaire terrestre.

En après-midi, j'accepte une proposition de Lakshmi :

- Que dirais-tu si nous allions nous perdre au centre-ville d'Hêraklion pendant que les « gars » retournent à l'aéroport chercher les autres.

- D'accord, dis-je sans hésiter.

- Déposez-nous devant cette magnifique église qui ressemble à une mosquée ottomane.

Nous entrons sous la voûte de *Saint Catherine's Church of Sinaï*, littéralement happées comme les abeilles par la ruche. Je me sens très à l'aise dans cette église antique aux arches arrondies. Les icônes nous accueillent avec bienveillance. Par instinct, nous allumons deux fines bougies de pure cire d'abeille dorée. Quel parfum ! Soudainement, le vieux gardien du lieu se manifeste et, de façon tout à fait inattendue, il s'empare à pleines mains de toutes les bougies déjà allumées, les souffle et les jette dans une poubelle. Il épargne uniquement les deux nôtres. Tout ceci se déroule à la vitesse de l'éclair. Ensuite, il met à la porte une jeune fille « indécente », portant un pantalon court et disparaît derrière la sacristie.

Pendant ce temps, j'observe les fresques magnifiques de la voûte. Je remarque, entre autres, le baptême de Jésus par Jean-Baptiste mais, surtout, la dernière Cène. Un détail me fait sourire : l'artiste a peint des carottes complètes, racines et feuilles, sur la table du dernier repas. Je rigole, car c'est la première fois que je remarque des carottes sur ce grand tableau symbolique. Au dîner j'ai fait justement remarquer que les carottes en Crète étaient délicieuses et sucrées.

- Viens voir ce détail pittoresque, dis-je presque en silence à ma compagne.

Le gardien revient, portant un pichet en argent. Il en verse un peu du contenu dans le bougeoir, pendant que je hume le bouquet d'herbes sauvages offert à la Vierge. Ensuite, il vient directement sur moi, prend dans sa main ma main droite, l'ouvre, et verse du liquide que je crois d'abord être de l'eau bénie mais qui s'avère être de l'huile d'olive pure. Je suis étonnée et il en rit autant que moi. Puis, il disparaît à la vitesse de l'éclair.

Nous sortons de l'Église, nous nous asseyons sur un banc sous les arbres, afin d'intégrer ce qui vient d'arriver en moins de dix minutes.

- Je crois bien que je viens d'être initiée à la Crète! ne puis-je m'empêcher de m'exclamer en riant.

Était-ce le Christ qui oignait d'huile les pieds de ses apôtres? Je me sens privilégiée, bénie, émue. En même temps, mon ego me souffle à l'oreille que c'est un hasard et qu'il ne faut pas croire que tout ce qui arrive soit un signe. Cependant, mon ressenti est plus fort et je laisse couler les émotions. J'accueille cette initiation.

Nous marchons dans la ville pour permettre à l'énergie de s'enraciner. Nous nous laissons porter vers un petit bistro public et nous nous installons à la terrasse. L'Ouzo m'aide à compléter l'intégration et nous commençons à échanger. Lakshmi s'informe :

- Comment vont tes sessions de mort Consciente Sarah?

- De plus en plus de personnes me demandent de les guider à explorer les plans de conscience. J'ai même changé le nom de l'approche. Nous expérimentons maintenant Le Passage de la mort à la Vie Consciente...

Nous causons d'Amour, de psychothérapie, de mort et de vie. Sujets banals et légers (!) au coin d'une rue d'une place publique ensoleillée, au coeur d'Hêraklion, sur la Côte nord crétoise, à la mi-octobre de l'An de Grâces 1994!

Toute l'équipe étant réunie, nous entamons, le lendemain, notre périple vers les montagnes du Sud. La camionnette sillonne allègrement les côtes escarpées du nord-est de l'île. Les baies aux eaux turquoise se succèdent, abritant des petits villages agenouillés sur la mer. Je m'attendais à une île aux maisons blanches et bleues, aux balcons fleuris. Voilà que je découvre un paysage plutôt aride, aux montagnes rocheuses, aux vallées sablonneuses, jalonnées de rangées d'oliviers épousant les formes du vent sec.

- Saviez-vous que les oliviers vivent 2 000 ans? dit l'un de nous.

Au fil de la route, les vies se superposent, tantôt en Égypte, tantôt en Jordanie ou au Liban. Des visions de pieds nus soulèvent la poussière et frôlent des tuniques de lin brut délavées par la chaleur torride. Des mains s'appuient sur des bâtons de marche et traversent les villages de pierres, annonçant la Parole d'Or.

Nous piquons vers la droite, franc sud, par le passage le plus étroit de l'île, à travers les montagnes, en direction d'Ierapetra. Les discours se font de plus en plus rares; la prière, le silence et le sommeil s'installent.

Nous entrons, à quelques kilomètres avant notre destination, dans le petit village de Koutsounari, où nous nous proposons de visiter et d'habiter les maisons traditionnelles crétoises rénovées. Je remarque que nous passons devant la réception du concept hôtelier sans nous arrêter. Une voix me dit de le mentionner au groupe; une autre voix me dit de me taire. Ce que je fais... par curiosité.

La route molletonneuse grimpe à l'arrière du village et sinue vers la montagne. Un virage radical vers la gauche nous propulse comme par enchantement dans un autre univers insoupçonné. Nous avons le souffle coupé et retenons à peine un cri d'ahurissement collectif.

- *Wow*! Vous avez vu ça?

Là, devant nos yeux, à perte de vue, s'allonge une vallée himala-yenne, perdue dans l'espace et le temps. Indescriptible beauté du mystère caché, au tournant d'un chemin emprunté par mégarde! Au fond de la vallée vertigineuse se tient un village perché, tel un nid d'aigle royal, à flanc de montagne. D'autres vies se superposent et se décalquent : le Tibet, le monastère de Lhassa, un village népalais... J'hallucine... Nous y sommes...

La route étroite serpente en altitude des précipices vertigineux aux allures mythologiques. Les détours et les découvertes se multiplient au son des mantras d'éblouissement de nos âmes. Le village accroché se rapproche; bientôt, il s'offre à nous comme un trésor longtemps tenu à l'abri des pillards et des vautours. L'endroit semble abandonné, ne serait-ce d'un vieillard assis à fumer dans l'embrasure d'une porte bleue chambranlante. Nous le saluons.

- *Kalimera!* Bonjour!

Il ne répond pas. Qui de nous ou de lui est pure illusion ou mirage pour l'autre? Nous accédons à la fin de la route asphaltée, au-delà du village. Sans nous consulter, nous nous arrêtons pour contempler. D'ici, à perte de vue, la mer et les montagnes s'entrelacent éperdument. Nous avons le souffle coupé devant l'infinie beauté du panorama.

- Je comprends pourquoi je me suis tue, en bas, en passant dans le village, dis-je aux autres. Je comprends le jeu du Plan divin.

Je comprends que cette Force, qui nous pousse parfois à poser des gestes incohérents de pure folie, nous amène toujours de façon invraisemblable à demeurer fidèles à notre âme.

Au bout de nos yeux nous contemplons, éblouis, une vallée mystérieuse et inconnue qui s'ouvre, telle une fleur de lotus, au milieu de notre périple et de nos vies. Une vallée inoubliable, qui s'inscrit à jamais dans notre mémoire de passage. Des Dieux y ont vécu, voici des temps immémoriaux, et y ont enfoui des trésors cachés pour l'instant. Nous sommes sept, en silence devant l'absolu, frissonnants de tant de splendeurs. Je reçois la vision d'un magnifique chandelier d'or, à sept branches, qui recouvre toute la vallée. Nous quittons temporairement, à regrets, le temple naturel.

- Nous reviendrons au soleil couchant pour un premier échange avec cette Terre sacrée, confirment en choeur deux d'entre nous.

Nous avons trouvé l'endroit où se tiendra, en juin 1995, la finale de la formation commencée à Samana au cours de l'été dernier. Il s'agit maintenant pour chacun de nous de mettre à jour un lieu initiatique et sacré au sein de ces montagnes. Je ne sais pas encore, pourtant c'est évident pour chacun des autres membres du groupe, que ces lieux correspondent aux chakra principaux et qu'il nous en est attribué un particulièrement.

- Sarah, tu iras à la recherche du site de la gorge...

Nous sommes dimanche soir. Il nous reste trois jours et trois nuits pour compléter notre quête, car nous repartons jeudi matin. En marchant nonchalamment dans les alentours, j'aperçois une dizaine de ruches bien alignées sous les oliviers. Mon coeur jubile. Voilà que mes soeurs les abeilles me lancent un clin d'oeil de complicité.

La chasse aux lieux sacrés commence très tôt le matin, au lever du soleil. Nos yeux embrumés s'éveillent lentement sur le monde des géants immobiles. Nous escaladons, chacun pour soi, les sites prometteurs. Nos pas activent les odeurs des bosquets de thym, de sauge, de sarriette et d'origan sauvage. Nous ne rêvons pas, les parfums en témoignent.

Le premier jour, les sites de deux des trois chakra «supérieurs» sont trouvés, la couronne et la conscience. Le lendemain, les sites de deux des trois chakra «inférieurs» sont également trouvés, la base et le pouvoir. Certaines portes du coeur sont aussi identifiées. Nous méditons sur les lieux et pratiquons un rituel de purification. Le troisième jour, le plexus est reconnu.

Quant à la gorge, le site qui m'a été confié, nulle trace pour l'instant.

- Je n'ai pas trouvé pour le moment, dis-je, penaude devant l'impatience visible des autres.

Trois journées de recherches, aucune piste. Je désespère. Je me sens nulle et incompétente. J'ai visité des tas de sites, mais aucun ne me fait vibrer réellement. Je reviens bredouille à l'hôtel. Pour me consoler, je suis invitée à une soirée «Zorba» chez nos nouveaux amis, Vasili et Kosta.

- Allez, viens, on va danser, ça te changera les idées.

Leur resto est situé directement sur la plage de cailloux polis que nous nous amusons à collectionner en dehors des heures de «trekking spirituel».

J'oublie tout et je m'amuse.

- Demain, je me lèverai à l'aube et j'irai seule à la montagne, mais je trouverai le réceptacle de la gorge sacrée, je le jure, dis-je en levant mon verre à la santé de Zeus.

Je termine la soirée en rendant hommage à mon nom spirituel, Sarah, qui signifie Pure Joie, Joie divine, Célébration. Toute la nuit, un orage électromagnétique fait rage. Des torrents de pluie s'abattent sur nos toits et s'infiltrent sous nos draps, jusque dans nos rêves. Des éclairs jaillissent de la mer, s'élancent vers le ciel et illuminent les montagnes. Vers la fin de la nuit, la tempête se calme. Je vois à l'horizon s'éloigner le monstre géant qui crache encore du feu de son ventre. Dès l'aube, pour le lever du soleil, je retourne vers les sommets, à la recherche de mon Graal. Mon âme se réjouit de cette dernière visite sur les plateaux sacrés quelques heures avant le départ, tandis que mon coeur s'inquiète de mes capacités de réussir. Je tourne en rond longtemps. J'escalade en tous sens un monticule de pierres, de boue et d'herbes drues. Je prends asile dans la bouche d'une grotte et je médite sur l'environnement. Je ne me sens vibrer à rien : ni les ruines, ni la gorge jadis fertile, ni la caverne ne m'inspirent.

- Donnez-moi des signes! dis-je en fermant les yeux.

Je décide de descendre plus bas, de l'autre côté de la route de terre battue. Après tout, la gorge est située au-dessous de la conscience et de la couronne. De plus, ce site est aride, froid, humide, et je ne m'y sens pas à l'aise. J'emprunte un petit sentier plus bas que la route. Je me laisse guider. Sans m'en rendre compte, je me retrouve, ébahie, au coeur d'une oasis de végétation. Au sol, un doux tapis de verdure m'invite à faire halte. Je suis entourée d'oliviers, de figuiers, de manguiers et d'autres espèces d'arbres que je ne connais pas. L'énergie du lieu fait vibrer tout mon corps.

- J'ai trouvé. J'y suis.

À ma droite j'aperçois avec joie, sur une colline pas trop lointaine, le groupe de ruches que j'avais découvertes lors de notre première visite. Je souris, éblouie par les ruses du destin. J'ai une vision du groupe, assis à écouter l'enseignement. Une autre vision se superpose celle d'un homme, prêchant l'Amour et la Paix, il y a 2 000 ans.

- Mission accomplie. Je peux repartir le coeur apaisé, dis-je à haute voix aux oliviers.

Je m'assure qu'un sentier praticable conduit du site de la gorge aux ruches. Je le longe, aller-retour, plusieurs fois, pour m'en imprégner. Je complète ma quête en arrivant nez-à-nez avec un âne amical, qui semble être le gardien des lieux. On se salue.

- Hi Han! lance-t-il moqueusement. Il était temps que tu trouves!

Je ne peux m'empêcher de songer à celui qui Le portait à Bethléem et à Jérusalem...

Je fais mes adieux aux montagnes. Je peux enfin quitter avec un sentiment de plénitude et d'accomplissement. Je suis ravie. Le chemin du retour vers la capitale paraît plus court et plus léger. J'achète une chaîne en or, sertie d'un bijou représentant deux abeilles d'or unies par une couronne royale, symbolisant la fertilité pour les Crétois et une Terre de Lait et de Miel pour moi.

- Désormais, je suivrai la Voie des Abeilles...

LES HOMMES SONT COMPOSÉS DE LA MÊME MATIÈRE QUE CELLE DES ÉTOILES[*].

LES ANGES DE LA MER

Ô vous qui êtes là-haut, qui êtes vénéré, dont le pouvoir est grand, un Ram grandement majestueux, vous ferez un chemin pour mon âme et moi, mon esprit et mon ombre, car je suis équipé. Je suis un esprit valeureux; tracez un chemin pour moi vers le lieu où sont Ré et Hathor[**].

Dans le port d'Amsterdam, je me sens très loin du but du voyage : un second pèlerinage à travers les chakra de la Crète avec un groupe de guérisseurs! Ici, tout m'agresse: les drogués sur les trottoirs, les prostituées à poil dans les vitrines roses, l'odeur d'urine et de poisson aux abords des canaux. De surcroît, je me paye un aller-retour dans le métro, entre l'aéroport de Schiphol et la Gare centrale d'Amsterdam. Deux endroits à éviter absolument dans n'importe quelle grande ville du monde lorsque l'on est médium, psychique, ou simplement ouvert et conscient. L'inconscient collectif, en ce moment, y est particulièrement dense et lourd. L'ombre épaisse dans les couloirs souterrains et les endroits publics, de connivence avec l'astral et les mémoires du passé, vous submerge en un rien de temps. J'avais malheureusement laissé, dans mes bagages en transit, vigilance et protection. C'est ainsi qu'une survivante, aux corps subtils électrocutés, reprend, douze heures plus tard, la route vers Athènes. Une nuit de faux sommeil, dans la capitale bruyante et polluée de Zeus, vient à bout de mes dernières parcelles d'immunité énergétique. Je suis faite à l'os, plus zombie qu'humaine, lorsque la préposée de la compagnie Budget me fait signer le contrat de location d'auto, à l'aéroport d'Hêraklion, capitale de la Crète.

---

[*]   *GEO,* op.cit.

[**]   *Livre des Morts,* op. cit.

- Voilà, vous signez ici... et là... dit-elle avec insistance devant mon absence d'esprit.

C'est à peine si je remarque les ébats amoureux de deux pigeons blancs, derrière un grillage au-dessus de ma tête.

La petite Mazda blanche, bien que conduite par la « robote » automatique que je suis devenue, sillonne allègrement la côte égéenne jusqu'à Agios Nikholais (Saint-Nicolas), où un bref bain de mer ramène quelque peu mon esprit. Le trajet vers Koutsounari se fait en un clin d'oeil. Je suis près de Ierapetra, village traditionnel restauré, où je vais habiter durant dix jours, sous le regard bienveillant des oliviers bi-millénaires.

Dès mon arrivée, je me rends au site du chakra de la gorge pour y installer mes énergies. Telle un cormoran désorienté, je n'arrive plus à retrouver les ruches, ni le sentier menant au site découvert à peine huit mois plus tôt. Lorsque je le reconnais enfin, je suis stupéfaite de constater les changements : à la place de l'herbe verte, poussent maintenant des poireaux! J'interroge l'univers.

- Quel est ce tour que l'on me joue? Comment faire asseoir 70 personnes dans des jardins cultivés?

À défaut de réponse, j'admire de nouveau l'irréalité de la Vallée des Dieux. La nuit prend poliment la place du jour. Sous le regard du ciel étoilé de la bientôt Pleine Lune éclatante, le silence intensifie la contemplation.

- Ai-je déjà foulé, de mes pieds nus ou de mes corps lumineux, cette Terre sacrée?

Les Dieux de la Vallée se taisent, me laissant face à moi-même, comme un moine du désert... Le lendemain matin, dès 5 heures, le visage plissé de sommeil, je suis en marche vers le site du premier chakra, la BASE. Reniée par les uns, idolâtrée par les autres, la base se porte plutôt mal en cette fin de siècle. Le site est localisé au pied de la montagne. On y remarque une vieille carcasse d'auto rouillée, une structure de maison abandonnée, un flanc de montagne dynamité... un miroir, reflet du respect de l'humain envers la nature! Viol, violence, abandon... La routine terrestre, en somme!

- N'attendez pas des autres ce que vous pouvez vous donner à vous-mêmes, nous dit-on. La Terre a besoin de mystiques enracinés et non séparés de leur réalité terrestre. Le Ciel a tout aussi besoin de terrestres enracinés dans leurs antennes célestes. Tel est l'arbre, dont les racines puissantes plongent dans les deux plans.

Il fait déjà chaud. Il est à peine 6 h 30 du matin. Ma troisième oreille est en alerte. J'entends l'écho provenant des cerveaux des guérisseurs. La mélodie triste de nos histoires personnelles résonne autour de ma glande pinéale. Soixante-dix enfants intérieurs se racontent en silence leur passé, se confrontent, une fois de plus, à leurs blessures ouvertes ou non cicatrisées.

La base est une fondation boiteuse sur laquelle un adulte acrobate tente d'édifier une vie colmatée, trop souvent rapiécée. Je nous entends pleurer sur le constat atrophié de la souffrance humaine. Nous dansons dans l'énergie des traumatismes, des séquelles et des voies de guérison. Avec brio et aisance, nous mettons un doigt de lumière sur le coeur de la douleur et doucement, pénétrons par la porte ouverte, rencontrer cette douleur, expérimenter cette souffrance, la transcender.

Une minute de vérité face à soi-même. Une minute de transparence face à sa véritable nature. Un miroir qui ne reflète que la vérité crue, brute et tranchante. Nous redescendons la colline, sachant déjà que nous ne sommes pas venus en touristes passer des vacances en Crète. L'Initiation sera celle du Feu purificateur.

Au nord-ouest du Pyrée, au coeur du Péloponnèse, Delphes, la cité magique, entoure de ses bras de Pythonisse le rocher considéré comme le nombril du monde par les ancêtres Grecs. Pendant ce temps, au sud de la Crète, quelques collines plus haut que la base, se dresse un rocher arrondi que nous nommons le HARA. L'énergie y est fort puissante car elle touche le centre d'équilibre de l'humain, centre précaire, baromètre de la perte ou du surplus de pouvoir dans notre civilisation occidentale. Nous y rencontrons un nouvel archétype :

- Il est l'antithèse du guerrier dominateur, militaire, destructeur et amène de nouvelles notions de discipline guerrière : la spiritualité et l'humilité combinées à la force.

Un défi pour la fin du XXe siècle. L'image la plus éloquente serait la fusion de Gengis Khān et Gandhi, donnant naissance à un Christ moderne en chacun de nous.

- Pour le guerrier spirituel humble, l'Amour est le cheval de bataille et la Lumière le bouclier protecteur. Ses armes sont la Paix, le discernement et la vigilance.

La cinémathèque de nos âmes nous invite à des visionnements massifs de vies «dites» antérieures, où nous avons laissé notre pouvoir entre les mains des rois, des tortionnaires, des chefs et conquérants de toutes races et origines. En d'autres époques, inversement, nous avons pris, abusé, extorqué le pouvoir des autres, croyant ainsi renforcer le nôtre. Nous nous réincarnons sans cesse et sans cesse, dans la roue du Samsara, jusqu'à ce que nous comprenions enfin que la vraie Force est au centre de nous-même, dans notre essence divine. La lumière émergeant de cette compréhension devient alors un baume de guérison sur les plaies vives de notre passé et de notre présent. Une Samouraï aux allures de chevalière, d'une voix claire comme l'acier, pose l'ultime question :

- Mon coeur est-il guéri?

Elle reçoit l'ultime réponse :

- Votre coeur n'est pas encore guéri, car vous avez jusqu'ici refusé de rencontrer et d'expérimenter votre souffrance profonde. En vous fermant aux hommes vous vous êtes protégée et enfermée derrière une armure inaccessible; vous croyez ainsi être à l'abri des anciennes et futures blessures et refusez d'exposer votre sensibilité et votre vulnérabilité. Pour guérir, vous devez de nouveau ouvrir les portes de votre coeur, rencontrer votre souffrance et lâcher prise sur la douleur de la confrontation.

La lourdeur du silence descend sur la chaleur torride de nos corps. Les grillons bavards se sont tus. Je craque. Mon coeur reçoit, en même temps que la Samouraï, une réponse qui, de toute évidence, s'adresse à bien d'autres. Des larmes roulent sur mon Hara et nourrissent le sol de mon abdomen.

- Lorsque le coeur se ferme, le hara se rigidifie; en ouvrant votre coeur, votre hara deviendra plus fluide.

La fluidité continue à déborder de mes yeux. Je suis une rivière qui se déverse dans l'océan de l'univers d'amour qui nous entoure. J'ai peur que l'ouverture soit irréversible pour l'éternité. J'ai peur de souffrir, j'ai peur de blesser, j'ai peur d'aimer. J'ai peur d'être submergée par l'amour divin et de ne plus exister. J'ai peur de perdre l'illusion de mon identité. J'ai peur de retourner à la Source. Je laisse ainsi couler mes peurs toute la nuit. À l'aube, le torrent s'apaise, mon âme retrouve le calme...

- Est-ce le calme qui précède les grandes tempêtes?

Au milieu du corps se trouve le plus dynamique et le plus fragile des chakra : le PLEXUS solaire. Tel un Soleil vibrant, le plexus est une haute centrale énergétique, alimentée à même la Source. Il prend parfois l'aspect d'un cratère volcanique en éruption, crachant sa lave d'émotions vives; à d'autres moments, celui d'un paysage désertique lunaire, glacé de cristallisations.

Un rocher monte la garde à l'entrée du site du plexus, entouré d'une basse muraille de pierres. Il semble attendre de nous un mot de passe, un code de passage. Rassemblés sous un olivier, nous nous éparpillons sur la terre rocailleuse et les arbustes piquants, thym, sauge et origan, qui nous rappellent, non subtilement, la nécessité de nous enraciner.

Très vite, dans ma conscience, une autre scène se superpose à celle-ci il y a 2 000 ans, un discours sur la montagne, parlant aux petits, aux gens simples et aux corps temples du Dieu vivant. Nous plongeons doucement, sans nous en rendre compte, dans les mémoires logées dans chacune des pierres du sol crétois.

- Sarah, vous avez au plexus, une blessure à guérir.

J'ai les mains moites; mon coeur bat la chamade; je sens mon corps tanguer sur le voilier de la peur; j'ai le mal de Terre, je tremble. J'ose demander :

- Parlez-moi de cette blessure.

Les mots sortent de ma bouche péniblement. Je sens 144 yeux et autant d'oreilles en alerte, braqués sur moi, sans en avoir l'air, comme les projecteurs torrides sur les acteurs traqués d'une scène de théâtre. J'ai le souffle coupé. Je ressens, en même temps, 22 000 anges, 7 archanges, une kyrielle de maîtres et d'êtres de lumière, illuminés sous le projecteur non moins torride de la Source. Je respire à peine.

- Sarah, vous connaissez bien cette blessure, cette profonde déchirure au centre de votre plexus. Votre trop grande ouverture, sans protection, capte tout, absorbe tout, retient tout. Votre chakra du coeur, désormais ouvert, vous rend vulnérable et vous place souvent, à cause de votre plexus blessé, dans une situation de vampirisme énergétique.

Comme toujours, dans un contexte haut en émotions, j'ai recours à l'humour comme porte de sortie.

- Un plexus déchiré, est-ce que ça se raccommode?!

- Certes! répond le sourire; demandez et vous recevrez; demandez à votre âme, à vos Guides; pratiquez l'amour de vous-même et de grâce, protégez-vous, et le vampirisme cessera.

Comment peut-on parler froidement de «vampires», sans sourire ou... frémir? Les vampires, selon la légende, sucent votre sang jusqu'à l'os, de préférence la nuit, en vous maintenant juste assez vivants pour vous garder en esclavage et satisfaire leurs besoins vitaux. Ils procèdent généralement par ruse, séduction, manipulation et hypocrisie. Ils sont passés maîtres dans l'art de parasiter. Les vampires ne sont pas qu'un petit clan mythique de la Transylvanie...

Non. Ils sont parmi nous. Nous en côtoyons tous les jours, parfois ce sont des gens très près, très intimes. Parfois, ils nous suivent de vie en vie, en alternant les rôles victime-vampire-victime. Les vampires se déguisent parfois : en grand prêtre ou grande prêtresse, en sauveteur, en gigolo, en Don Juan, en courtisane, en mère de famille, en oncle incestueux, en enfant gâté, en guru, en infirme. Leur soif de pouvoir est incommensurable. Mais lorsque l'on découvre qu'ils n'ont aucun pouvoir, le coucou mécanique s'écroule, les dents tombent et le pantin se replie sur lui-même comme une marionnette désuète. Et la victime qui se croyait telle s'effondre sur son illusion.

Les rochers n'ont pas bronché; la mer ne s'est pas retirée, pas plus que les odeurs d'herbes sauvages et les sifflements tout aussi sauvages des grillons. J'ai perdu le fil. Je sais seulement que le chaman intergalactique Woustade devra nettoyer vibratoirement le plexus du site, fort chargé par la débâcle de nos propres plexus.

- Nous allons dîner, c'est l'heure! Que l'Ouzo coule à flots et que la

Retzina balaie nos derniers résidus solaires! Vive Zorba! Vive cette Terre magique qui absorbe et soutient notre guérison collective! Vive cette Terre sacrée! Vive la Crète! Vive Kriti! chante-t-on en choeur. La voie du COEUR est le chemin le moins fréquenté. Comme le soleil levant d'ailleurs. Nous voici enfin arrivés, essoufflés, dégoulinants de sueur, au quatrième et dernier chakra au pied des montagnes. La pente est abrupte. Nous sommes assis en funambules sur la rocaille et les ronces. Le coeur de pierre s'expose tous ventricules ouverts. Les bouches des ventricules sont les portes d'entrée des grottes de bergers faisant reposer leurs chèvres de montagne, parfois passant la nuit près du feu.

Je m'assois dos au ventricule principal et à la paroi rocheuse. Mes yeux regardent la mer en bas du village. Tout y est : la mer, le ciel et la terre. Le coeur EST véritablement le pont entre le ciel et la terre, le pont entre notre nature humaine et notre essence divine.

- Et si c'était vrai que nous sommes enfants de lumière et descendons des dieux?

La densité des premiers chakra s'estompe quelque peu et fait place à la fluidité de l'amour, de l'inconditionnel. Le coeur est un jardin de roses et d'épines. Le coeur est un jardin fragile.

De mes racines profondes monte une douleur inattendue qui fait son chemin à petits pas, à travers mon canal. J'espère qu'elle filera jusqu'au Soleil où elle sera pulvérisée par la Lumière. Déception! La voilà qui bloque et s'installe entre le thymus, le coeur karmique et la gorge. Elle fait son nid et se met à grossir, à élargir le passage, à tasser mes cordes vocales. Je n'en peux plus.

- Je contacte en ce moment une douleur intense. C'est la douleur des séparations. Les séparations à venir et les séparations passées!

Je m'étouffe dans le raz-de-marée des mots que je retiens trop souvent. C'est l'avalanche. Pour toute réponse, je reçois l'éclatement d'un rire franc, clair comme le cristal.

- Il n'y a pas de séparation. Vous devez régresser sur vos vies de séparation, Sarah, nous vous l'avions déjà dit.

Je m'en souviens très bien. C'était en décembre 1994 lors d'un intensif en guérison. Je n'avais pas pris au sérieux ce conseil de régresser sur des vies où je fus séparée des êtres que j'aimais. Voilà que j'y suis replongée. Voilà que je m'enlise bien doucement dans le sable mouvant de la tristesse et de l'illusion de la séparation.

- Ce soir, nous vous invitons tous à aller dormir là-haut, dans la montagne, dehors, sous l'oeil complice des étoiles. Durant la nuit, vous recevrez des informations sur vos vies lors de vos passages en ce pays.

D'ici là nous sommes tous invités, par nos amis crétois, Manolo et Dora, nos généreux hôteliers, à une fête champêtre aux abords d'une source cachée dans un recoin secret au-delà des montagnes. À la file indienne, nous envahissons le lieu, déjà préparé par les cuisiniers et les danseuses. L'endroit est paisible, à l'abri des arbres; nos coeurs ouverts peuvent s'épancher les uns sur les autres; la fête est bienvenue et nous distrait de nous-mêmes et de nos âmes. La musique grecque soulève les corps les plus inertes et enracine les jambes de ceux et celles d'entre nous qui se perdent dans les nuages. La source coule au milieu de la fête et poursuit éternellement son chemin pour désaltérer les villageois. Telle est la Source.

- L'eau que je vous offre enlèvera votre soif pour toujours.

Ici, au fond de la Vallée des Dieux, il est facile d'y croire. Nous explorons, en marchant dans les environs, tantôt une maisonnette abandonnée, tantôt une petite chapelle toute blanche, encore fréquentée. À l'intérieur, une alcôve de prières, un plateau de chandelles de cire d'abeilles et ça et là, sur les murs, des icônes de Saint-Georges, conquérant le dragon. Un présage qui s'annonce intéressant pour la nuit à venir. Serons-nous des Georges ou des dragons? Peut-être les deux... La fête s'étiole en douceur. Nous rangeons nos jambes, nos bras, nos coeurs. La caravane s'ébranle. Chacun va se préparer à la nuit du dragon...

Nous surplombons un précipice escarpé, couronné de falaises vertigineuses. La nuit dense se laisse découper par la luminosité de nos vêtements. De nouveau, en plein milieu, trône un gros rocher arrondi, tel l'oeil d'un géant de pierre.

Le groupe éparpillé autour du rocher entonne des mantras en écho avec le chant des étoiles et des cigales.

- Om... Na... Ma... Shiva... Ya...

Je me suis laissée guider à m'asseoir au bord de la falaise, face à la mer qui nous berce encore de loin à cette heure tardive. Mon dos reçoit la résonnance des prières improvisées des méditants. Le vent puissant ne transporte à mes oreilles qu'une douce mélodie de voix qui entre dans la caverne de mon crâne. J'accède à une transe induite par leurs paroles.

- Toujours vivant! chante le refrain de Gerry Boulet, dans mon cerveau.

Le refrain s'échappe des ondes satellites de mon ordinateur cérébral, pour me rappeler que mon corps est encore sur Terre, bien que mon âme en soit loin. Il n'y a ni temps ni espace. Nous sommes suspendus au-dessus d'un plateau de tournage des scènes d'un film qui se déroule maintenant, il y a 2 000 ans, il y a 2 000 siècles.

Jusqu'au matin, des mémoires vont se croiser entre des états de sommeil et de veille. Nous serons une seconde fois confrontés à nos rôles du passé, aimés ou haïs, humains ou divins et pourtant illusoires. Les rôles ne sont que des rôles, permettant aux acteurs de les jouer tous de vie en vie.

Au-delà des rôles, nous serons aimés sans conditions. Nous serons aimés au-delà de ce lieu, de ce ciel, de cette galaxie, où ma conscience se berce en ce moment, il y a 2 000 ans, c'est-à-dire, 2 000 secondes...

La nuit du dragon s'achève. Je suis plus que zombie au petit matin. J'ai la tête qui éclate, car j'ai canalisé Georges et le Dragon, j'ai canalisé les forces de l'ombre et de la lumière toute la nuit. Je dois maintenant conduire le groupe au chakra de la GORGE. Il m'a été aussi pénible de trouver ce chakra que d'y conduire le groupe à l'aube.

- J'ai l'impression que 18 de mes corps subtils sont restés accrochés sur je ne sais quelle constellation! dis-je à l'un des guérisseurs pour me donner du courage.

161

Mes pieds avancent au pif, comme ceux d'un robot programmé. C'est un miracle que de se retrouver assis sur ce site que j'ai surnommé le jardin des oliviers.

- Comment vais-je pouvoir enraciner les énergies, alors que ma tête ressemble à une fusée éclatée en plein vol?

Je l'ignore encore à ce jour. Tout ce que je sais, c'est que plusieurs parmi nous sont entrés en état de régression spontanée sous le regard incrédule des oliviers, des manguiers et des poireaux!

Je comprends maintenant pourquoi il me tarda tant à le découvrir ce site! Je comprends aussi pourquoi il m'est tellement plus facile d'écrire que de parler. Dans ma prochaine vie, je veux être chanteuse, rien d'autre!

Connaissez-vous le chakra de la gorge, ce passage étroit entre la terre et le ciel, entre les chakra terrestres et les chakra célestes?

Vous souvenez-vous de la dernière fois où vous avez dit « Je t'aime » à quelqu'un d'autre que votre mari, votre femme, votre maîtresse, votre âme-soeur, votre flamme-jumelle, votre amant ou vos enfants, en regardant le profond de ses yeux? Non. Alors vous ne connaissez pas le chakra de la gorge. Avez-vous touché son bras, sa main ou son épaule en même temps? Non. Alors, vous ne connaissez pas le chakra de la gorge.

Vous souvenez-vous de la dernière fois où vous avez assassiné les humains qui avaient assassiné votre enfant, votre père, votre mère ou votre Maître, Gandhi, Jésus, Lennon ou autre? Leur avez-vous pardonné comme ceux-là avaient pardonné? Non. Alors vous ne connaissez pas le chakra de la gorge.

Moi non plus, d'ailleurs. Il m'arrive parfois même d'oublier où il se situe. Je parle quelquefois avec mon Hara, d'autres fois avec mon troisième oeil ou ma base. Rarement je me risque avec le coeur. Mais la gorge? On repassera. Je l'écris, la gorge. Et vous?

En vérité, en vérité, je vous le dis :

- Il est plus facile à un enfant de dire « Je t'aime » qu'à un adulte de passer par le chakra de la gorge.

La gorge, c'est aussi l'impulsion, l'énergie qui me porte à écrire au bord de l'océan où voguent les voiliers bleus et blancs aux couleurs de la Grèce... Pendant ce temps, les abeilles continuent à tisser leur miel et nous, à nous défaire des liens du faux passé...

Quoi de plus extraordinaire qu'un lever de soleil émergeant de la mer de Lybie! Tandis qu'on nous invite à nous détacher, à transcender et à transmuter nos mémoires, nous nous retrouvons en terre vaste, au pays de la CONSCIENCE.

- Être conscient, c'est un état d'être!

Presque un univers en soi. Un univers intergalactique parfois.

Pourtant, la conscience n'est rien sans le coeur. Jadis, en Lémurie, en Atlantide et même en Ancienne Égypte, les êtres connaissaient les avenues de la conscience et du troisième oeil. Très peu connaissaient le coeur, encore moins l'union de la conscience au coeur.

Car qu'est-ce que la conscience sans le coeur? Un amas de facultés para-psychiques plus souvent alignées sur le pouvoir que sur l'amour. Nous sommes à la fin et à l'aube d'un millénaire où la survie dépendra de la fusion coeur-conscience. Est-ce assez clair?

Quelle meilleure journée que de choisir celle de la conscience pour se rendre en bateau sur une île dorée, Krissi, dont le nom signifie Or! Nous nous éparpillons tous et chacun, magnétisés irrémédiablement vers des endroits qui conviennent à nos vibrations du jour : plages secrètes, arbres illuminés, sentiers cachés, grottes discrètes.

Je me retrouve en exil improvisé dans le ventre d'une grotte mauve en forme de coeur. Masque, tuba et palmes aux pieds, je m'amuse à taquiner la faune marine environnante et à y lire des signes et des directions en toute désinvolture. La plongée en apnée, quelle merveille! C'est un peu comme épier le monde mystérieux de l'océan, symbole de l'inconscient. Un silence de cathédrale m'y attend et surtout le total apaisement du mental.

- Fini les analyses, les jeux d'échecs, les stratégies, me répondent en écho les oursins joyeux.

Sous l'eau, le repos est total et absolu. Nul ne s'y sent menacé ou agressé. Je peux facilement méditer, les bras en croix, flottant nonchalamment sur le liquide salé, totalement abandonnée à la Joie d'être.

- Être dauphin, c'est aussi un état d'Être! me lance un autre écho.

Si je devais ne retenir qu'une seule de mes vies passées, ce serait celle où j'étais dauphin. Imaginez quelques instants la souplesse et la fluidité d'être dauphin, la douceur soyeuse de la peau; la performance incroyable du sonar, permettant de discerner à des kilomètres de distance l'ami ou l'ennemi; la joie illimitée du jeu et du plaisir sans restrictions; la capacité de diagnostiquer les anomalies et les blocages des petits humanoïdes que nous sommes. Je quitte l'étendue liquide et viens me reposer sur le sol accueillant de la grotte mauve en forme de coeur. Je ferme les yeux et je revis les étapes de cette vie passée où j'étais dauphin. Je sens la chaleur de mon épine dorsale. Je suis un animal amphibie dans la nature sauvage, à l'époque des dinosaures. J'entre dans l'eau et le feu s'apaise. Le temps s'accélère et je deviens souple et fluide. Il me pousse des nageoires et un gros cerveau à la place du front. Ma mâchoire s'allonge.

Je croise des coraux dans l'eau turquoise. J'ai besoin de respirer hors de l'eau de temps en temps. Je me joins à d'autres dauphins du clan. Nous nous dirigeons facilement et nous savons où nous allons. Je sens une activité énorme dans mon cerveau, des rayons laser, des ondes. Je pénètre à l'intérieur de mon cerveau et je me retrouve dans la salle de conduite d'un vaisseau spatial. Des circuits électro-magnétiques sont intégrés dans le cerveau du dauphin. Des êtres au corps métallique or, à la tête ovoïde casquée, sont aux commandes du vaisseau. Ils sont là pour téléguider le cerveau du dauphin. Ce sont des êtres de haute intelligence vibratoire lumineuse.

- Nous avons choisi le dauphin pour représenter notre planète sur Terre, disent-ils.

Je me rends vers leur planète. Je file à la vitesse de la lumière. Cette planète est une sculpture de vibration or. Un couloir m'amène en son centre. Des radiations passent à travers mon corps. J'expérimente une transition moléculaire vibratoire qui adapte mon corps à ce milieu. Après l'étape de l'irradiation, je suis amenée à une réunion d'êtres de lumière. Je me joins à eux. Nous attendons un visiteur.

- Ceci est une étape de préparation, m'annonce-t-on.

Je ne sens aucune différence entre eux et moi. Nous sommes UN, tous unis dans la lumière Or. L'être se présente. Il émane de lui sagesse et dignité. Il est accueilli avec respect. De ses mains partent des rayons de lumière qui projettent des hologrammes au milieu du cercle : ce sont les formes éthériques des dauphins. Les êtres vont revêtir ces enveloppes pour partir en mission et diffuser la conscience et la compassion. Ils ont pour but d'intégrer ces énergies et de les ramener sur Terre dans la forme des dauphins.

Ces êtres sont identiques, sans différences individuelles. Ils sont un morceau du coeur de quelque chose. Ils sont des étincelles provenant d'un Soleil ardent, d'une Lumière centrale, d'une Source de Paix Éternelle. Ils jaillissent de la même Source de Paix, sous forme de Compassion, de Joie, d'Amour... tels des feux de Bengale.

Leur enveloppe n'est qu'un hologramme, une illusion. Elle peut se dématérialiser d'ici et se re-matérialiser dans l'eau sur Terre. L'eau est un conducteur et peut aider à transporter cette mémoire logée dans le cerveau des dauphins. Lorsque l'on touche l'eau, l'on touche à ce qu'elle transporte.

Je ne sens aucune différence entre eux et moi. Ils sont un lien avec le Passage, la Mort. Ils sont issus du Soleil de la Paix, intègrent la Compassion sur leur planète et amènent la Paix et la Compassion dans l'eau. Il n'y a pas de Mort. Il n'y a que la Paix. Je suis l'Océan, je suis l'Univers, je suis Paix. La boucle se referme. Je baigne dans la Paix inconditionnelle. Même le requin qui passe ne me trouble pas.

- Être dauphin, c'est un état d'Être!

Je fusionne avec l'essence des dauphins. Je baigne dans l'Océan de Paix. Avec eux tout est Joie, tout est simple... même le Passage...

Me voici de retour en terre crétoise, terre sainte qui s'est vue nourrir un peuple ancien follement épris des dauphins. Le dauphin dieu, le dauphin sauveteur, le dauphin symbole christique. Les palais des rois sont ornés de son image, ainsi que les objets d'art et la mythologie.

- J'honore les descendants de ce peuple qui honorait mes amis, mes pairs dauphins. Hommage à toi, Delphes-Delphi, qui en porte encore le nom!

Au retour de l'île, le navire tranche la vague rebelle. À chaque instant j'espère qu'un des miens jaillira de l'océan et nous lancera un clin d'oeil complice, ambassadeur du monde des océans.

Enfin, le site tant attendu de plusieurs d'entre nous et redouté des autres, la COURONNE. Un rocher géant, en forme de cerveau, surplombe dignement tout le décor où nous avons vibré depuis sept jours. Tout y est, à 360° à la ronde, même la frousse d'être nichés dans un nid d'aigle provisoire.

Je m'installe sur la pointe extrême et périlleuse du lieu, face à la mer. Je prends quelques minutes pour transcender ma frustration d'être en retard. Ma colère monte dans une sphère dorée, à travers mes chakra, pour mieux retourner au Soleil qui n'en fera qu'une bouchée. Maintenant libérée, j'ouvre les chakra de mon dos, je me mets à l'écoute.

- Des temps difficiles sont à venir pour les humains de la planète Terre, des bouleversements à tous niveaux, nous informe-t-on. Vous serez parmi ceux et celles qui, ayant déjà vécu ces bouleversements au plan personnel, serez aptes à aider les autres au plan planétaire. Si vous le choisissez, vous deviendrez, par la force des choses et des événements, des nomades aidants, itinérants par choix, se promenant dans les rues et les sentiers du grand village de votre Terre. Vous serez détachés et déracinés par choix, votre jardin étant la Terre entière et votre maison celle de l'accueil des paysans et des citadins sur la route.

Nos enfants vivront en Afrique, en Asie ou en Océanie. Certains membres de notre famille habiteront l'Australie, l'Amérique et l'Europe. Ou vice-versa. Nous passerons outre les clôtures et les frontières.

- Nous serons des Terre-Apôtres... ne puis-je m'empêcher de songer.

- Autrefois, lorsque vous viviez sur cette Terre sacrée, vous communiquiez avec les dauphins. Vous aviez appris à leur parler. À l'exemple des dauphins, vous devez retrouver vos sons, les sons de votre essence individuelle. Ces sons sont logés dans chacun de vos chakra. Retrouvez-les, faites-les vibrer et utilisez-les lorsque vous méditez ou guérissez.

- Ai-je bien entendu?

Il m'arrive d'être tellement en état altéré de conscience que je n'entends que l'information provenant d'autres plans. Pourtant non, cette fois c'est ici que ça se passe, en altitude, entre ciel et terre. Le Ciel serait-il de connivence avec les Anges de la Mer, mes frères et soeurs de lumière? L'émotion est profonde et j'entre dans son tourbillon. Cette fois je quitte. Mon corps veille sur la pierre tandis que mon esprit plane sur les eaux.

- Au commencement, l'Esprit planait sur les Eaux.

Je divague. Je nage dans les fonds marins avec ma véritable famille, ma famille de Joie et d'Amour. Enfin! Mon esprit se fond dans leurs clans, totalement et inconditionnellement libre. La liberté inconditionnelle. J'y suis. À mon retour dans mon corps, le «discours sur la couronne» est terminé, le ciel est redescendu sur Terre et quelques-uns ont commencé à chanter. Je suis irradiée jusqu'à l'âme et mon visage ruisselle d'eau salée...

À ma façon, je me sens encore plus près du peuple dauphin dont les fréquences sonores télépathiques sont venues me chercher consciemment, il y a deux ans. Tel Ulysse, séduit par le chant des sirènes, je nage dans leur univers de joie océanique depuis ce jour. Les peuples anciens honoraient les lieux sacrés, y érigeaient des palais, des monastères et y pratiquaient des rituels de grâce au Divin. Nous avons perdu depuis longtemps ces traditions d'amour et de révérence. Tels les points d'acupuncture sur la ligne des méridiens, les lieux sacrés sont bloqués et la Terre en est devenue malade.

- L'éveil des lieux sacrés redonne à la Terre sa fonction première d'être un jardin céleste dans la matière où l'humain, l'animal, le végétal et le minéral pourront de nouveau rendre gloire à Dieu.

Mon âme de Terre-Apôtre se voit déjà parcourir le monde allègrement en Inde, au Tibet, au désert de Gobi, en Égypte et bien ailleurs, à la poursuite des lieux sacrés.

- Itinérante, scribe nomade du désert, globe-trotter, pourquoi pas?

Mes mémoires sont réanimées comme les images développées dans un laboratoire de photos. Ma gorge regorge de souvenirs associés à la femme apôtre qui guérit et ressuscite; ma conscience imprime sur la pellicule de ma glande pinéale des scènes de fusion totale avec la Lumière, le Soleil; ma couronne ouvre mes portes sur des couloirs jadis parcourus par nos corps en bi-location, dématérialisés ou ascensionnés.

Je laisse mes cellules se gorger du nectar précieux de cet autre moi, de cet autre être plus Divin qui l'habite en ces autres temps. Mes cellules boivent jusqu'à se noyer de Lumière, déborder et s'écouler sur les flancs ensoleillés des crêtes, jusqu'à l'océan qui les avale.

- Je suis Un. Je suis Tout. Je suis. Fondue entre Ciel et Terre. Pulvérisée. Désintégrée.

Les yeux ouverts, je vois un être se pencher sur moi, une paire de ciseaux d'or en mains. Il coupe toutes les ficelles de mémoires passées, présentes et futures sur la ligne médiane de chacun de mes corps subtils. Je me détache de ces autres moi comme une montgolfière.

Puis il coupe tous les ponts karmiques de mes chakra. Je suis ramenée à mon essence par le seul pont qui subsiste, le canal vertical traversant mon corps, reliant mes racines et ma couronne au Soleil central de l'Univers. Une étrange sensation m'envahit, mélange de solitude et de plénitude. Au bout d'un moment éternel, un courant de Paix profonde descend dans ce canal et remplit tout mon être.

Nous voici au terme du pèlerinage. Des questions s'ajustent à chacun de nous comme les mesures d'un complet chez le maître tailleur. Le coeur s'ouvre pour laisser passer un silence d'or. Dans les espaces entre les battements du coeur, nous sentons l'union de nos âmes de façon palpable.

La simplicité des questions me désarme. Et pourtant ce sont des questions ultimes, directement reliées à mon essence :

- Sarah, êtes-vous prête à vous donner l'AMOUR?... Êtes-vous prête à respecter TOTALEMENT qui vous êtes?... Allez maintenant et canalisez VOTRE vie!

Le soleil descend lentement, nous entourant de ses bras de poussière d'or. Nous baignons dans sa luminosité dorée qui teinte nos visages et nos vêtements. La fin annonce le début et nous savons quel chemin nous attend. Je me rends au-delà du village tant aimé. Après une montée abrupte, j'atteins le plus haut sommet du lieu, fortement balayé par les vents. Une enceinte de pierres basses, formée de deux cercles unis par un point de leur circonférence, attend, comme une invitation à un rituel d'adieu. La proximité du Divin y est euphorisante. Je m'en réjouis tout en me préparant aux adieux. Les yeux braqués vers l'infini, je remercie l'univers entier pour ces retrouvailles majestueuses. Je demande à être libérée de toute forme d'attachement pouvant interférer avec mon désir de fusion.

Mon esprit plane en altitude au-dessus de la vallée. Je survole une dernière fois le lieu béni, comme un voyageur, lorsqu'il quitte sa maison et sa famille bien-aimées.

En redescendant, je traverse les ruelles zigzagantes du village où n'habitent qu'une poignée d'ancêtres aux rides intemporelles. Un villageois sans âge, au sourire édenté, me salue :

- *Kalimera*! me dit-il en m'offrant une poignée d'abricots de son verger de fortune.

Il s'adresse à moi dans le langage des yeux sans frontières et me fait visiter sa maison. Les pièces sont encombrées d'icônes, de jarres et de vieux tissus. Les poules cacassent sur la terrasse. Est-ce un adieu ou une invitation à demeurer encore un peu ou, qui sait, peut-être à revenir? La chaleur spontanée de son accueil me va droit au coeur et me remplit de joie pour le départ.

- Adieu à vous, chers aïeuls! Veillez sur le village béni pendant mon absence!

La journée se solde par une cérémonie : l'union des âmes-soeurs sur la plage. Sous les voiles blancs, trois couples s'unissent, les pieds dans le sable, au milieu des cercles de fleurs improvisés. Leurs sourires et leurs larmes en disent long sur la solennité de leur engagement! Et pourtant :

- Souvenez-vous que par cette union, vous n'êtes soumis à aucune loi, aucune règle terrestre. Vous êtes totalement libres. Allez dans le monde et servez votre âme!

Un frisson parcourt ma colonne vertébrale. Une réponse intérieure me vient à travers le rire.

- Toi, Sarah, c'est avec un dauphin que tu uniras ton âme!

La soirée se poursuit dans la Joie, l'Amour, la Liberté et la Magie de la danse et de la musique grecques.

Au milieu de la nuit, un Vent fou se lève et frappe à nos portes. Les volets claquent, les murs tremblent. J'aperçois un nuage de sable poussé vers le large. Les vagues perdent la raison et retournent dans le ventre de l'océan. La puissance du Vent est si grande qu'on croirait le passage d'un cyclope en colère.

Le Vent souffle et emporte tout ce que nous avons laissé sur notre passage dans cette île sacrée. La montagne retourne nos débris à la mer, où tout sera dilué. Le Vent fou efface nos traces. Bientôt plus rien. Nous pouvons quitter, le coeur en Paix. Nous n'emportons avec nous que quelques pierres façonnées par le passage du temps et ces dernières paroles :

- Au retour en votre pays, demeurez vigilants envers les énergies non compatibles.

Le Vent fou continue à souffler dans l'espoir évident d'ébranler nos fondations à peine naissantes, nos premiers balbutiements d'amour inconditionnel. Nous y sommes. Intensément. Comme le Vent.

La Forêt de Brocéliande

Ô vous Unique qui brillez dans la Lune; Ô vous Unique qui brillez dans le Soleil; puisse Ani s'éloigner de vos multitudes qui sont à l'extérieur; puissent ceux qui vivent dans le soleil le laisser aller; puisse le Duat s'ouvrir à lui lorsqu'il va le jour faire ce qu'il veut sur Terre au milieu des vivants*.

À peine descendue du TGV Paris-Rennes-Redon, je suis kidnappée par Bernard et Dominique.

- T'es bien assise, Sarah? On part pour la Forêt de Brocéliande. La Fontaine de Barenton nous attend! Mais auparavant on doit passer à la maison... disent-ils mystérieusement.

J'ai faim! J'ai soif! Je suis crevée par une semaine de visites nocturnes de l'astral parisien et voilà qu'il me faut, à 11 h 00 du matin, me préparer au trekking celtique dans les hauts lieux de Merlin l'Enchanteur! Fluidité oblige! Je m'incline, sachant, comme d'habitude, que je ne regretterai pas de me laisser couler dans les bras du hasard organisé...

La petite Renault rouge s'enfile à toute vitesse dans le garage de la maison des gnomes et des elfes qu'habitent mes amis. Une forteresse d'arbres surréalistes, plus verts et plus bizarres que ceux d'outre-monde, entoure et protège la maison blanche. Comme si de rien n'était, on me présente à la gardienne de la forêt, par hasard en visite chez eux, nulle autre que la druidesse ermite Bramwenn. Les sorcières ont bien changé. Les fées aussi. Celle-ci donne plutôt dans le regard vif perdu au milieu d'un mince visage céleste. Le cheveu court me fait hésiter entre la guerrière Jeanne D'Arc et la moine bénédictine. Par contre le costume noir de chevalière bousille complètement mon mental. J'abandonne. Je me penche pour lacer

---

*   *Livre des Morts,* op.cit.

mes bottes. Mon regard se fige sur une croix en plein plexus. Une croix magnifique venue d'un autre temps, faite d'or solide et mat.

- C'est la croix celtique, répond-t-elle en riant avant que je ne l'aie demandé à haute voix. Je l'ai obtenue il y a plus de 25 ans d'un artisan monastique. C'était la dernière d'une série ancienne, authentique, qui ne se produit plus.

Décidément, la voix de cette jeune prêtresse m'appelle déjà de l'intérieur. Je reconnais et accueille le guide. Elle insiste pour conduire l'auto.

- Je ne peux me faire conduire par personne! dit-elle d'un ton affirmatif.

Après quelques instants de négociations avec la propriétaire de l'auto, nous voilà en route vers Brocéliande, nichée en plein coeur de la Bretagne. Ce pays me semble fait à la mesure ou plutôt à la démesure de ses habitants. J'ai l'impression de rouler entre les pages des contes de Grimm. Je ne serais nullement étonnée de voir surgir au milieu de la route un lutin affolé qui saute sur le pare-brise. Les chemins se coupent et s'entrelacent comme les fils du tissage d'une marraine-fée qui s'amuse à mêler les couleurs, les formes et les textures.

Nous faisons un court arrêt à Gacilly, histoire de s'enfiler une fameuse crêpe bretonne. Tant pis pour eux car ils ne savent ce qu'ils font. J'ai oublié de les prévenir que je ne rate jamais une occasion d'honorer la vie terrestre et ses créations divines. L'arrêt sera un peu plus long que prévu... je remarque au menu (Ô merveille!), qu'on y sert du chouchen, le célèbre hydromel, la liqueur des dieux, ainsi que du cidre traditionnel. Je détiens ce talent de savoir faire redécouvrir à ceux qui les produisent la beauté divine de leurs produits.

Selon moi, Dieu s'incarne majestueusement sur la Terre dans l'abondance ou la simplicité des liqueurs euphorisantes, des parfums extasiants et des délices de la table et des sens pour qui sait les goûter avec amour et modération. C'est ainsi que je ne me prive jamais de ces rituels magiques qui font les joies de la Terre. J'ai également une facilité à les faire partager aux autres, comme *Babette* et son *festin*. Au cours de ces rituels, j'ai aussi appris à reconnaître la quintessence du dit... vin. Je rends grâce au soleil qui a réchauffé la vigne, à la terre qui l'a nourrie, aux humains qui l'ont transformée et je prie pour que l'amour y soit concentré.

Nous quittons la crêperie dans une atmosphère de joie communicative. Bramwenn doit faire un bref arrêt chez sa mère, dans un tout petit village à l'orée de la forêt. La chaude petite chaumière traditionnelle et son hôtesse nous accueillent à bras ouverts. Le thé et le café sont déjà prêts car il serait impensable de ne faire que passer.

On s'installe autour de la table dans la cuisine aux plafonds bas. Les pigeons, les tourterelles et les colombes roucoulent. Tout s'apaise ici, sauf la chienne qui ne cesse d'aboyer devant notre étrangeté. Les mots se font rares. Bernard, le médium, n'en peut plus.

- Comment s'appelait votre mari madame?

- Pierre, répond-t-elle d'une voix basse.

- Eh bien, il est ici et il veut communiquer avec vous! M'autorisez-vous à être son porte-parole?

- Certainement!

Nous cessons de boire. La semoule aux ananas peut attendre. La main de notre hôtesse tremble. Ses yeux regardent fixement la table. Bernard se gratte la gorge, ferme les yeux, se prépare.

- Bonjour mon amour... je viens te parler d'amour, de lumière et de choix.

Il trouble et apaise son coeur tout à la fois. Pierre est décédé il y a 26 ans, mais nous ressentons tous sa présence ici, au coeur de cette chaleureuse petite cuisine.

- Je te demande de te choisir et de commencer à te détacher... quand pour toi viendra le moment du Passage, je serai là pour t'accueillir.

Nous nous sentons enveloppés par l'Au-delà et prions en silence. Bernard coupe doucement le contact. Nous terminons le dessert et le café. Elle est émue. Il est temps de quitter. Elle restera seule avec son message d'amour et s'enroulera dedans pour la nuit.

Les collines de Brocéliande s'ouvrent et acceptent de nous laisser passer. L'air sent bon la source vive et le vent frais. Au début de la marche, on a l'impression de fouler un sentier de forêt comme les autres. Un tapis de feuilles tombées, des couloirs d'arbres protecteurs, des cailloux qui sautent sous nos pas. Peu à peu on entre dans le mystère de Brocéliande, sans trop s'en rendre compte, comme on s'enfonce dans un matelas de plumes qui bientôt nous recouvre.

Je suis connectée par télépathie à Bramwenn, gardienne des lieux. Avec respect, je la laisse nous diriger. Elle répond à mes demandes sans que je parle. Je pense « caillou », elle se penche pour ramasser, avec la vivacité de l'éclair, une petite pierre mauve en forme de coeur et me la remet.

- Tiens! Brocéliande t'offre son coeur!

Je souris. On s'est comprises. Le sentier devient de moins en moins large et la végétation plus épaisse. Au loin j'entends les cors et les chiens de chasse. Des hommes répètent une vieille bêtise. Les chiens sont inquiétants. Je ressens l'angoisse... comme jadis lorsque je me promenais dans les forêts des druides la nuit, à la recherche des plantes, des champignons, des baies pour fabriquer mes remèdes.

- Voici déjà le chant de Barenton...

Nous écoutons avec émerveillement le gazouillis d'un mince filet d'eau claire qui sillonne la forêt. Nous le suivons en remontant le courant. Les mémoires jaillissent entre mes sourcils. Mon corps se souvient. Les chiens des hommes se rapprochent. Des coups de fusil. Un léger tremblement s'installe dans mes veines et déverse la peur. Je me souviens.

Soudain Bramwenn disparaît. Elle nous appelle. Voilà qu'elle s'est faufilée sous un houx géant juste sur le côté du ruisselet. Le houx est en forme de coupole épaisse retombant jusqu'au sol. Les feuilles épineuses en font un redoutable abri. Nous y entrons, comme si elle avait deviné ma peur naissante. Nous découvrons des troncs verdis plus que tricentenaires, costauds, rassurants, protecteurs. La beauté de ce lieu caché est éblouissante. Ça sent l'humus frais et la source limpide.

Je pose mes mains et mon front sur l'écorce de cet ancêtre majestueux qui me remplit de bonheur et de joie. Je vois à travers l'arbre. Je me fonds dans son tronc. J'épouse sa sève. Mon esprit se rappelle des nuits de pleine lune à danser sous ses branches, à prier les étoiles. Mon refuge, mon oasis, mon enchanteur. Celui qui m'a vue pleurer et trembler. Lorsque j'ouvre les yeux, Bramwenn est accroupie au sol en train de creuser la terre de ses mains brunies. Elle gratte sans peine dans le sol humide comme un chiot qui cherche son os enterré. Je vais vers elle. Elle semble ne pas trouver. Tout à coup elle lève les yeux, me sourit et dit :

- Voilà! C'est à toi maintenant!

Je perçois l'objet plus clairement en me rapprochant. Sous mes doigts nerveux, le sol me révèle petit à petit, un grain à la fois, un collier d'ambre que je déterre. Je finis par le libérer complètement. Bramwenn se recueille à ma gauche; Bernard prie, debout à ma droite; Dominique fait la ronde et le guet autour du houx.

Les chiens se rapprochent ainsi que les fusils. Le moment est éternellement important. Je ferme les yeux, m'agenouille et attend. Le collier d'ambre repose dans mes mains. Nous nous apprivoisons. Je me mets à l'écoute du houx. Je revois les soldats, les charrettes, la prison. J'entends les miens crier de douleur, agoniser. Je hurle de souffrance en écho avec ceux que j'aime. Mon esprit quitte mon corps dépecé, hachuré, brûlé. Mon âme pleure l'ignorance de ce monde sans coeur ni conscience. La blessure est à vif depuis des siècles. Jusqu'à aujourd'hui. Jusqu'ici. Jusqu'en cet instant. La mémoire blessée m'a rattrapée. L'heure de guérir est venue. Le houx me prête l'ambre comme on met du baume sur une plaie vive. Il me souffle des mots d'une douceur incroyable, oubliés dans les oubliettes du temps.

- L'ambre cheminera avec toi pour compléter ta guérison, chuchote-t-il. Quand tu auras complété, reviens l'enterrer ici, car c'est ici qu'il appartient.

Je me tiens debout bien droite, entre le ciel et la terre. Je suis un canal de lumière. Je reçois l'initiation de l'arbre de guérison. La lumière devient énergie, l'énergie devient foudre. Je reçois la foudre du monde des âmes des druides. La foudre s'intensifie. Un lent processus d'initiation à la foudre du ciel commence. Le moment est sacré. Je suis la foudre. J'enracine la foudre. On me prépare à transmettre la foudre. J'entends une voix qui vient de là-haut en moi :

- Fille de Bram, reçois la foudre du ciel et porte-la à tes soeurs et tes frères de la Terre.

Je baigne dans la béatitude. Je réintègre la chamane druidesse. L'énergie purificatrice circule librement à travers moi.

- Tu dois en échange faire une offrande, murmure le houx en moi.

Je cherche, à l'aide de mon troisième oeil, ce que je pourrais donner au houx. Au même moment, Bernard se penche et dépose un bijou de couleur marine dans la terre. Il l'enterre de feuilles et d'humus. J'apprendrai plus tard qu'il s'agit d'un chapelet dont il n'avait jamais voulu se départir. Nous nous sourions d'un regard ému, Bramwenn, Bernard et moi. Le rituel est complété, le houx honoré. J'embrasse Bramwenn. Je la remercie de ce moment plus que précieux, de cette ouverture dans l'espace du temps, dans la magie des vies parallèles. Nous sortons de sous le houx. J'ai plutôt l'impression d'être entrée en lui. Nous allons rejoindre Dominique qui a fait le « guet » autour de l'arbre divin.

Nous nous rendons maintenant à la fontaine de Barenton. De larges espaces de coupes d'arbres témoignent de la voracité de l'homme civilisé. Nous contemplons non sans tristesse les corps éthériques des arbres majestueux qui jadis composaient la forêt. En rasant tout sur son passage, l'humain rase même le sacré de son passé et de son présent.

Les corps subtils de la fontaine nous atteignent déjà. Son magnétisme ondule jusqu'à nous et nous invite au silence intérieur et extérieur. Nous venons de pénétrer dans le mystère. J'ai l'impression de mettre le pied dans une autre dimension faite de contes et de légendes vivantes d'il y a huit siècles. Lancelot du Lac, Merlin l'Enchanteur, le Roi Arthur, les fées Morgane et Viviane...

La fontaine a la forme d'un coeur fait de pierres grises anciennes dont la base laisse s'écouler le précieux liquide cristallin. L'eau est fraîche, limpide comme du pur cristal. Je me penche au-dessus de ce miroir et m'y plonge tout entière. Son passé et le mien se confondent. Je me vois vêtue d'une cape à capuchon, ermite parmi les ermites, druidesse parmi les druides. Je vis cachée la plupart du temps, à l'abri des arbres et des grottes. Je connais tous les champignons, toutes les plantes, tous les animaux de la forêt dans laquelle je me déplace la nuit. Elle n'a plus de secrets pour moi. Nous faisons UN.

Je prends l'eau froide dans le creux de mes mains et je la bois à petites gorgées. Je m'en lave le visage et les mains en priant humblement à l'intérieur de mon être.

D'autres marcheurs arrivent de nulle part, nous observent, s'attardent à peine. L'énergie est trop forte pour qu'ils s'installent. Une bulle de verre éthérique nous entoure et semble nous rendre invisibles, inaccessibles. Nous embrassons la Terre sacrée et quittons.

La nuit est arrivée en cachette et se dépose sur un long trait rose orangé à l'horizon. Des étoiles s'y piquent l'une après l'autre tout au long de notre marche et allument à l'intérieur de notre âme un profond sentiment de paix et d'amour pour la majesté de cette nature intemporelle.

Le sentier bordé par les elfes et les gnomes nous conduit par la main jusqu'à notre point de départ, à l'orée de l'ancienne forêt de Brocéliande, aujourd'hui la forêt de Paimpont. Sur le chemin du retour, nous ramenons sûrement quelques fées, car la joie qui nous habite est euphorique. L'auto semble voler plutôt que rouler. Je tiens bien précieusement dans mes mains, aux couleurs de la terre, le collier d'ambre doré que la gardienne et le houx m'ont confié pour un certain temps terrestre. Je souris en pensant que personne ne me croira si je raconte mon histoire.

- T'as passé un bon week-end en Bretagne, Sarah?

- Oui, c'était bien. J'ai rencontré la gardienne de la forêt de Brocéliande, une druidesse ermite. Pendant que les soldats s'approchaient de notre repère sous le houx, elle a déterré un collier d'ambre et me l'a offert. J'ai reçu une initiation de l'arbre. Puis Bernard a enterré son chapelet et la fontaine de Barenton nous a tous bénis...

Personne ne me croira. On dira que j'ai bu trop de chouchen...

L'ALLIANCE UNIVERSELLE DES PASSEURS DE TERRE

Collectionneur d'âmes, voilà le nom du Passeur[*]*!*

- Bienvenue à Paris, Sarah!

Maryse m'accueille de nouveau avec chaleur. Ses yeux étincelants et son sourire radieux effacent instantanément en moi toute trace de fatigue due au décalage horaire. La librairie *Les Cent Ciels*, en plein coeur du IVe arrondissement, fourmille déjà d'activités en ce début de soirée automnale. Je me prépare à donner une première conférence publique au sujet de l'Exploration du Passage de la mort à la Vie Consciente. Au sous-sol de cette très ancienne maison, dans l'un des plus vieux quartiers de Lutèce, les murs de pierres créent eux-mêmes l'ambiance et nous enveloppent tel le ventre d'une caverne. Un endroit idéal pour parler de l'essentiel, de la vie et de la mort. Les gens prennent place poliment, discrètement. Je me sens déjà dans un état dit second mais qui est en réalité un état premier. Je m'apprête en ce moment à diriger le premier séminaire du Passage de la mort à la Vie Consciente que j'ai choisi d'offrir en France, à quelques 80 kilomètres au sud-ouest de la ville. Je me sens, on ne peut plus, dans le vif du sujet. Le silence s'installe. Les gens sont prêts. Je prie intérieurement pour être guidée et je demande l'assistance des Maîtres du Passage que je canalise, sans toutefois le dire ouvertement. J'ai les mains moites. Je tremble un peu et mon coeur bat très vite. Je plonge.

- Avant de débuter, j'aimerais vous inviter à vivre une brève méditation. Fermez les yeux. Décroisez les bras et les jambes. Suivez tout simplement le rythme naturel de votre respiration. Contemplez votre souffle de vie. Contemplez ce mouvement de la vie en vous. Le souffle est la vie. Laissez la vie circuler en vous au rythme de votre respiration.

---

[*]   *Livre des Morts,* op. cit.

Je bénis le jour où j'ai choisi de prendre un formation intensive en Imagerie mentale. Quelle découverte, ce monde intérieur qui nous habite! Et pourtant un monde naturel qui nous est accessible depuis toujours. Il suffit de fermer les yeux et de suivre le mouvement.

- Dirigez votre attention vers votre coeur. Écoutez le rythme des battements de votre coeur. Observez comment votre coeur pulse le son et le sang à tout votre corps. Votre coeur est vivant. Vous êtes vivants. Tout en maintenant le contact avec la vie en vous, par le souffle et le coeur, devenez réceptifs à ce qu'éveille en vous le mot Mort. Pendant quelques secondes, laissez monter et circuler en vous les images, les sensations, les émotions qu'éveille en vous la Mort. Sans juger, censurer ou bloquer, laissez se rencontrer à l'intérieur de vous la vie et la mort.

Nous avons tous les yeux fermés et nous sommes unis par ces réalités de vie et de mort, en silence. Mon coeur s'est apaisé. Je me sens calme, sereine, en confiance. Je peux commencer à parler de mon expérience, car je la porte dans mes cellules, dans tout mon être.

- Il y a deux ans, en 1993, j'avais choisi de faire le Passage, de quitter la planète Terre, d'interrompre mon incarnation terrestre. Je ne voulais pas me suicider. Je ne voulais pas laisser de traces sur les murs et sur ceux que j'aimais. Depuis longtemps je voyais comment je ferais le Passage. Je me voyais assise, adossée à un arbre, face à un paysage magnifique. Je me voyais méditer, prendre une profonde inspiration et me laisser tout simplement aller par le dessus de la tête, le chakra de la couronne, en expirant. C'était facile et paisible. Je voulais quitter car j'avais l'impression d'avoir accompli ce que j'étais venu accomplir, ma mission disent certains. J'avais vécu à fond toutes les expériences terrestres et j'étais prête à partir. Plus rien ne m'intéressait, plus rien ne représentait de défi pour moi.

Je prends une profonde respiration avant de poursuivre. J'attrape des regards au vol.

- Je n'étais pas consciente à ce moment là que je portais dans mes cellules une programmation de mort. Mon père était décédé de leucémie à l'âge de 44 ans. J'avais 44 ans. Je venais de quitter mon dernier emploi régulier et toute ma vie était maintenant centrée autour de la Mort. Je portais en moi, aussi, la mémoire d'autres vies où j'avais quitté mon corps par choix, de manière simple et naturelle. En tant que psychothérapeute je pratiquais diverses approches thérapeutiques mais, particulièrement depuis un an, surtout la thérapie du tunnel. Tous les témoignages des personnes qui ont survécu à une mort clinique se ressemblent. Elles traversent un tunnel et se rendent vers la lumière où des êtres les attendent pour leur communiquer des informations et leur demander de retourner sur Terre car leur mission n'est pas terminée.

J'observe les gens dans la salle. Au-dessus de la tête de plusieurs d'entre eux je peux voir les auras se transformer.

- Je me disais donc que si l'on peut explorer consciemment le tunnel du passé, retrouver et guérir des mémoires occultées ou connues de son incarnation actuelle par la thérapie du tunnel, l'on pourrait tout aussi bien explorer cet autre tunnel qui conduit vers la lumière du Passage éventuel. Ainsi l'on pourrait se préparer au Passage que l'on appelle, en Occident, la Mort. Je détenais une clé importante. Je décidai donc d'expérimenter sur moi-même cette technique, avec l'intention, non seulement d'explorer le tunnel et d'en écrire un témoignage, mais de faire le véritable Passage et de quitter le plan terrestre.

Je résume très brièvement les explorations de l'Au-delà que je fis en compagnie de mon guide terrestre.

- Au cours de la dernière session que j'expérimentai avec accompagnement, je me retrouvai face à un être que j'ai nommé le gardien du seuil. Il me fit comprendre assez vite que j'étais arrivée au moment du choix; si je passais cette porte, cela signifiait un aller simple pour mon âme. L'instant était grave. Le moment, sérieux. Je lui promis de revenir et lui demandai quelques jours de réflexion.

J'explique que mon accompagnatrice devait quitter le pays pour quelques mois et que nous interrompions les séances.

- Je restais donc seule face à moi-même et à l'espace de choisir. Un matin, je décidai, maintenant que je connaissais le Chemin, de retourner à la porte du gardien du seuil. Je me suis assise tel que je l'avais toujours vu, en position de méditation, adossée au mur de ma chambre. Je quittai mon corps très vite. Il était 9 h 00 du matin. Le gardien du seuil avait l'apparence de l'ermite à la lanterne du jeu de tarot. Il m'invita à le suivre. Nous gravîmes un escalier étroit. Seule la lumière de sa lanterne nous guidait. Il ouvrit la porte. Je contemplai un instant l'espace infini.

Je fais une pause et je contemple leurs visages.

- Je plongeai dans le vide. Puis plus rien. Que du blanc! Un espace tout blanc à l'infini. Il n'y avait plus de temps ni d'espace autre que ce blanc comateux. Au bout d'un temps indéfinissable, une vision finit par s'imposer à moi : je vis une rivière d'argent liquide traversée par un pont tout blanc. Sur le pont se trouvait une petite fille aux cheveux blonds soyeux ayant l'apparence d'un ange. Elle me guida sur ce pont que nous traversâmes. JE PASSAI D'UNE RIVE À L'AUTRE. Peu à peu je suis revenue dans mon corps, toujours adossée au mur de ma chambre. Il était 11 h 00. J'avais été dans le coma durant deux heures. J'entendais à l'intérieur de moi une voix qui me disait : «Ce que tu viens d'expérimenter depuis deux mois, maintenant tu vas le faire vivre aux autres, tu vas à ton tour les accompagner. Tu n'as pas complété ta mission sur Terre.»

Je reprends mon souffle comme si on venait juste de m'apprendre cette nouvelle.

- Je n'en croyais pas mes oreilles! Je venais de me faire piéger! Moi qui voulais quitter, voilà qu'on me demandait de guider les autres afin de les préparer au Passage! Je songeais à mon fils, à qui j'avais annoncé mon départ anticipé. Il allait bien se moquer de moi! Je venais de me faire avoir par la grande farce cosmique! Il me fallut quelques mois pour bien intégrer la blague.

Je ris avec les gens qui semblent tout à fait comprendre la situation... cocasse...

- Une nuit, je reçus en «rêve» (!?) la visite d'un être vêtu d'une tunique orangé. Son visage avait des traits afro-indiens et ses cheveux étaient épais et bouclés. Il était entouré d'un groupe d'êtres de lumière. Je devais les revoir deux ans plus tard, en «rêve», une nuit où j'avais demandé l'aide du ciel. J'étais à concevoir le livre *La Guérison Spirituelle Angélique*. J'étais découragée et je n'arrivais à rien jusqu'au moment où ils sont entrés dans ma chambre... le lendemain matin, le livre prenait naissance...

...

- J'étais allongée sur une table. Il s'approcha de moi et à l'aide des rayons de lumière qui sortaient de ses doigts, il effectua une longue et complexe opération du chakra de mon coeur! J'assistai consciemment à toute l'intervention. Je voyais le grand trou noir qu'était le chakra de mon coeur et je pouvais suivre le chemin que se frayaient les rayons de lumière dans cette noirceur. Au petit matin, quand tout fut terminé, il m'avisa que la cicatrice serait enflée. Il me recommanda de me procurer un oeuf de pierre vert et rose pour favoriser la guérison. Ce n'est qu'un peu plus tard, en visite chez une amie au Vermont, que je reconnus en photo le chirurgien céleste. C'était Sri Saï Baba.

Je prends une pause. Une partie de mon mental vient d'interférer en me disant que les gens vont me croire folle. J'ai été enfermée pour beaucoup moins en d'autres vies... une autre partie me dit que je n'ai rien à perdre, puisque je connais le Chemin...

- L'intervention avait été profonde car je me sentis en convalescence durant les semaines qui suivirent. Je me donnai du temps pour intégrer ce qui venait vraiment de se passer. EN CHOISISSANT LA MORT, JE RETROUVAIS LA VIE. J'étais sous le choc. Je devais rester sur Terre afin de guider des êtres à se préparer au Passage! Je croyais rêver!

Je m'arrête ici. Je constate que j'ai parlé longtemps. Quand j'aborde le sujet du Passage de la mort à la Vie Consciente, je suis intarissable. C'est une passion que je porte dans chacune de mes cellules.

- Par la suite, j'ai guidé de nombreuses personnes en séances individuelles dans le Passage vers l'Au-delà. J'ai constaté qu'elles traversaient toutes les mêmes étapes, mais pas nécessairement dans le même ordre. Tôt ou tard, elles se retrouvent devant le choix ultime : quitter ou assumer leur incarnation.

Les mots proviennent du ventre de mon expérience, je n'ai qu'à les laisser sortir de ma bouche. J'invite les gens à poser des questions. Il règne un silence respectueux dans la petite salle de conférence. J'observe les visages. Je remarque que certains ont déjà quitté leur corps et voyagent dans l'Au-delà; d'autres viennent d'atterrir et sont encore étourdis; quelques-uns sont demeurés ici, bien enracinés et sont prêts à m'interroger.

La soirée se déroule dans une atmosphère de plus en plus fébrile et se prolonge beaucoup plus tard que je ne l'aurais cru. Je remercie le public. Je m'empresse de quitter car je débute très tôt demain matin le premier séminaire.

Le Centre Spire qui nous accueille à Couperdrix, tout près de Provins, est une ancienne ferme convertie en lieu où se donnent de multiples séminaires psychothérapeutiques. Nous choisissons une petite chaumière de pierres, en retrait, pour abriter nos élans célestes. Nous sommes des pionniers et j'ignore encore comment se déroulera cette semaine.

Jusqu'à maintenant, j'ai guidé en séances individuelles des âmes prêtes à expérimenter le Passage. Comment vais-je guider des êtres à en guider d'autres? Je sens le sérieux de la responsabilité. Mes peurs remontent.

- Et si l'âme d'un des sujets qu'ils guideront décidait de faire vraiment le Passage pendant une session? dit la Peur. Et si l'intervenant était accusé? Et s'il était jugé et condamné? Et s'il était emprisonné, guillotiné, torturé ou conduit au bûcher?

- Stop!!

Une voix plus forte crie à l'intérieur de moi :

- You Hou! Nous sommes en 1995, pas en 1495!

Je laisse circuler les mémoires, les images. Durant combien de vies ai-je été punie, rejetée, bannie, condamnée, prêchant la Parole, allant au-delà des normes et des conventions, voyant dans l'invisible, transmettant les messages des dieux? Je laisse couler mes peurs, je les respire et les libère.

Le groupe accueille l'enseignement avec amour. Je me rends compte, et ce sera ainsi pour les séminaires qui suivront, que l'accompagnement au Passage est naturel à plusieurs d'entre nous. Les âmes attirées à vivre cette formation portent toutes des mémoires d'autres vies où elles ont initié le Passage. Elles ne font qu'éveiller leurs mémoires.

Dès la première journée, je les pousse à plonger, à devenir tour à tour sujet et guide. Quel naturel! Tous les coeurs sont ouverts!

- On dirait que vous avez toujours accompli ces rituels.

J'ai des visions, en les contemplant, de prêtres égyptiens, de moines tibétains, de chamans amérindiens, d'aborigènes australiens, de temples Mayas ou Incas, où se déroulent des rites de Passage initiatiques et d'accompagnement au Passage. Je suis bouleversée. Nous n'inventons jamais rien. Nous redécouvrons tout simplement. La création est l'art de tirer les bonnes ficelles, au bon endroit. Souvent, sur Terre, nous sommes plusieurs à tirer les mêmes ficelles en même temps, lorsque la conscience est prête à les recevoir.

L'univers m'envoie un véritable cadeau. La synergie du groupe est au-delà de ce que j'aurais même pu imaginer. Entre nous, les liens se tissent facilement. Nous sommes 10 comme les 10 doigts des mains, à nous unir et à créer spontanément une alliance. D'ailleurs, nous scellerons cette alliance par un rituel au sein d'une petite église à Provins.

- Pourquoi n'irions-nous pas nous procurer des alliances en or? propose l'un de nous.

Nous décidons de nous procurer des alliances toutes simples en or. Nous sommes seuls dans la petite église à chanter, prier, bénir nos âmes et nos alliances d'or, sous les yeux bienveillants de tous les saints de pierre. Nous formons un cercle d'or. Nous donnons naissance à l'Alliance Universelle des Passeurs de Terre. Nous nous baptisons Passeurs de Terre en ce 28 novembre 1995.

C'est dans cette atmosphère de fête, au retour dans notre sanctuaire, que je me prépare à vivre, devant un groupe, ma première auto-mort-consciente.

Je me retrouve dans une caverne de cristaux aux multiples couleurs, dont l'énergie est très élevée. Puis je me rends dans une pagode de prière au sommet de l'Himalaya. J'observe les nuages jouer avec les sommets. Mon corps de lumière s'élève. J'entre en orbite autour de la Terre, tel un satellite. Je perçois les espaces sombres, le manque de lumière. Je dois me rendre plus loin pour ramener quelque chose de spécial à la Terre. Je me retrouve dans un vaisseau où les êtres sont affairés dans des salles électroniques. Je me sens dans un univers sans émotions. On me conduit à travers un couloir dans une salle de chirurgie. Je m'allonge sur une table d'intervention. On ouvre en deux parties mon véhicule corporel. On répare des fils et des circuits mécaniques. Je reçois une restructuration électromécanique et électromagnétique. On remplit mes réseaux de lumière.

Plutôt que de refermer l'enveloppe, on laisse la lumière prendre une forme qui émerge de l'enveloppe mécanique. Cette forme a l'apparence d'un vieillard dont les cheveux et la barbe sont tout blancs. Il porte une tunique de lumière, un sceptre à la main et une auréole au-dessus de la tête. C'est un pèlerin de lumière. Je le suis.

Il me guide sur un chemin de montagne. J'ai envie de voir ses yeux.

- Ses yeux sont comme... l'Amour... comme l'Amour Divin... dis-je d'une voix tremblante d'émotions.

Nous sommes assis dans la caverne de cristaux. Il est face à moi. Il me transmet la puissance de l'énergie originelle, l'énergie divine de guérison. J'intègre cette énergie pour la transmettre à mon tour.

- Je la transmets à chacun de vous à travers vos cellules de lumière, leur dis-je avec sérénité, en projetant mes mains de lumière vers chacun des Passeurs.

- C'était, dit-il, l'élément qui manquait à la Terre, la transmission de l'Amour...

Avant d'ouvrir les yeux, je vois que l'on assigne un cristal géant à chacun des participants. Chacun des cristaux reflète sa couleur propre, en harmonie avec son âme. Ensemble ils forment un prisme, tel un diamant qui brille dans la nuit. Un diamant qui éclaire le Passage et montre la Voie.

Du pays Cathare à la terre d'Amérique

*Puisse l'âme d'Ani s'élever avec vous dans le ciel,
puisse-t-il voyager dans la Barque du Jour, puisse-t-
il amarrer dans la Barque de la Nuit, puisse-t-il se
mêler aux étoiles insouciantes du ciel*[*]!*

e TGV avance à grandes coulées sur la voie Toulouse-Paris.
Le disque de feu orangé descend doucement sur la terre de
France. Sa lumière inonde les vignobles et prépare lente-
ment le retour du printemps.

- À quoi rime tout ceci? me dis-je en rêvassant. Je me suis détachée
de mon compagnon, de ma demeure à la campagne, de mon fils, de
ma famille, de mon pays. J'habite un siège d'avion appartenant à
différentes compagnies : Air France, Air Canada, KLM, Swissair,
Sabena, British Airways. Je n'ai plus de racines autres que celles qui
s'allongent au-dessus de mon crâne. J'ai choisi d'être au service de
mon âme et de Dieu qui habite en moi. Malgré cette présence divine,
il m'arrive de me sentir bien seule dans son temple.

Le paysage défile sous mes yeux comme au cinéma français. Un
autre temps, plus poussiéreux, plus ancien, plus lourd d'histoire. Un
autre espace plus resserré, plus refermé. Pourtant cette terre est
sacrée. C'est ainsi que je la ressens; une terre qui invite à la prière et
à la gratitude.

Je viens de passer une semaine en pays Cathare, pas très loin de
Carcassonne. Tout y est sacré. Chaque arbre porte la vibration d'un
guerrier de lumière. Chaque caillou est devenu gardien du lieu. Le
pays Cathare est houleux et fluide. Lorsque l'on s'y promène, on se
sent sur un immense vaisseau de vallons et de verdures qui semble
appartenir à une autre dimension. C'est une étrange sensation que de
flotter sur Terre. Il semble même y avoir des portes énergétiques qui
permettent d'entrer et de sortir du pays. Hier, je suis morte et
ressuscitée encore un peu plus à moi-même. Je me suis abandonnée

---

[*]   *Livre des Morts,* op. cit.

à un rituel de lâcher prise en permettant à 17 personnes de toucher en même temps mon enveloppe physique, dans un climat d'amour inconditionnel.

Au début du rituel, je sentais davantage la brûlure des mains sur mon corps que leur lumière. Peu à peu, j'ai permis à la carapace de mes mémoires d'éclater et de laisser pénétrer la lumière à travers moi. Mes cellules ont bu cette lumière et l'ont laissée circuler partout dans mon être. J'entends encore la douce voix d'un guérisseur, Guillaume, qui me dit :

- Nous sommes l'Amour...

J'ai revécu les naissances et les Passages de mon âme à une vitesse folle. J'ai senti mon âme s'apaiser et s'élever dans les plans célestes encore plus proche de la Source. Mon âme s'est remplie de l'Amour de la Source puis a débuté un mouvement de diffusion vers les mains qui me touchaient ou plutôt me pénétraient. Ce fut l'extase. L'énergie était d'une puissance telle que, tous, nous avions l'impression de faire UN et de fusionner. Lorsque les guérisseurs ont quitté en douceur la chambre, je suis demeurée là à baigner dans l'énergie, la lumière et l'amour hors de tout contexte de temps et d'espace. Je touchais l'essence de l'illumination et de l'immortalité. Quelques jours plus tard, à l'aéroport de Zurich, j'ai un moment de ressenti très clair de l'ampleur de la guérison que je suis à vivre.

- Jusqu'ici, pour moi, recevoir l'amour conduisait à la mort, me dis-je intérieurement. J'étais inconsciemment menée par un conditionnement très puissant : la peur de recevoir l'amour de moi-même et des autres et d'en mourir.

Cette prise de conscience m'amène à contempler tous les êtres qui sont passés dans ma vie et que j'ai fini par éloigner de moi à force de défense et de fermeture. Les uns après les autres, ils se sont butés à ma forteresse et ont fini par abdiquer. L'épaisseur de mon armure me protégeait de l'intimité et de la vulnérabilité que l'amour amène. Les uns après les autres, ils sont partis, tantôt confus, tantôt déçus, parfois en colère. Je comprends seulement maintenant à quel point mes blessures m'ont fermée à la vie, à l'amour et confinée à une solitude en tour d'ivoire qui emmurait mon essence. Oui, véritablement aujourd'hui, je comprends la force de l'amour qui guérit.

- Tu es comme une bête sauvage que l'on a ramenée de la forêt, que l'on soigne et apprivoise, me souffle une voix en mon ventre.

J'ai très envie d'aimer et d'être aimée pour la première fois en cette vie. J'ai un profond désir de fusion aux autres et une envie irrésistible de me fondre en eux sans me perdre et sans mourir. J'ai très envie de crier au monde entier et surtout à ceux-là qui m'ont aimée et que j'ai aimés :

- Merci! Merci mille fois! Je comprends enfin. Désolée d'être aussi tard à le faire. Voilà le prix à payer pour le décalage, chez moi, entre l'expérience et le ressenti. L'amour guérit. J'y crois.

Me voici en route, entre les nuages et le ciel bleu infini vers mon pays d'incarnation, le Québec. Ô Terre sacrée amérindienne! Je vais y donner deux séminaires pour former des intervenants en Exploration du Passage de la mort à la Vie Consciente, des Passeurs de Terre, sages-hommes et sages-femmes du Passage.

Les chamanes sont réunies. Nous sommes neuf femmes toutes plus sauvages les unes que les autres, venues des quatre coins du Québec, nous retrouver, les pieds dans la neige, autour d'un grand feu de nuit. Certains marchent sur les charbons ardents, nous sur la neige ardente. Nous dansons en cercle autour du feu. Les glaces brisées s'entrechoquent sur la rivière, emportant avec elles notre passé, nos vies anciennes. Nous chantons des mantras amérindiens au son des tambours et des tam-tams. La terre sur laquelle nous posons nos pieds avec respect a vu le Passage de nombreuses tribus bien avant nous. Des tipis se sont érigés ici, des canots se sont accostés sur cette berge. Leurs mémoires brillent dans nos yeux.

- Ah... Kas... Ni... Ho... Ah... Ho... chantons-nous au rythme des tam-tams.

Nous battons le rythme au rythme du coeur de la Terre. Nous sommes emportées hors du temps et de l'espace. Nous oublions notre identité. Nous sommes. Nous sommes neuf femmes chamanes à se fondre dans la nuit des temps. La lune et les étoiles nous sourient. J'ai une vision. Je tiens une flamme de lumière violacée entre mes mains. Je l'apporte dans un réceptacle de flammes où elle se ressource. Nous venons de partout apporter notre flamme. Un être porte en ses mains le réceptacle. Je pose mes mains sur ses mains. Il me transmet le réceptacle de flammes qui se transforme en Terre surmontée d'une croix d'or. Je ressens les blessures, la souffrance, les déchirures, la douleur, la peine de la Terre. Je vois le sang couler dans ses eaux. Ses plaies sont à vif. Je lui projette de la lumière de guérison.

La Terre blessée demande à être intégrée dans mon coeur. Elle me dit de méditer sur ce choix qui est un engagement planétaire. Lentement je l'amène dans mon coeur. Elle me dit :

- Tu ignores l'ampleur, les conséquences de cet engagement.

J'intègre totalement la Terre crucifiée en moi. La douleur est intense. La souffrance de la Terre s'écoule dans mes veines. Je ressens une douleur à la base du coeur. Mon corps vibre de partout. Je reviens au feu. Nous dansons la danse de la Terre sacrée.

Toute la semaine porte cette énergie puissante de nos ancêtres amérindiens mélangée à nos mémoires de femmes. Je me sens bercée plutôt qu'entourée lorsque je m'abandonne à mon voyage en solitaire devant elles.

Je me retrouve dans une sphère semblable à un dôme géodésique. Je m'allonge au centre sur une plaque circulaire faite de cristal. Je contemple le dôme. Dans chacune de ses milliers de facettes, il y a un des visages de Dieu. Le dôme tourne sur lui-même. Je me remplis de tous ces visages d'enfants, de vieillards, de dieux, de déesses, d'animaux.

J'ascensionne par une colonne de lumière qui élève mes vibrations. Une déchirure se fait dans le tissu de l'univers. J'entre dans cette brèche. La lumière me consume. Mon corps de lumière devient un corps de feu. Je me joins à d'autres corps de feu dans un cercle. Nous sommes au centre du coeur de la Mère Divine. Le coeur de la Mère Divine est un feu éternel et sacré. Je reçois une vision de ce coeur : rouge safran, organique, vivant, entouré d'une couronne de roses en or, surmonté d'une flamme de feu dans laquelle se trouve un glaive de lumière.

Chacun de nous reçoit par transmission un coeur identique nommé le Coeur Divin. Je peux le palper dans mes mains de feu. C'est un coeur vivant. Plusieurs ont déjà reçu ce Coeur Divin. Certains parmi eux viennent se placer au centre du cercle. Je vois Jésus debout dans toute sa majesté. Sa main droite est levée. Sa main gauche montre son coeur divin. Ils se place devant moi et me transmet son énergie de compassion qui embrase tout l'univers. L'énergie d'embrasement nous est transmise. L'embrasement nous amène à la compassion. C'est une initiation sacrée.

Je reçois le Coeur Divin à gauche dans le coeur physique. Puis il passe au centre dans le coeur karmique et, finalement, au coeur spirituel à droite. C'est la naissance du coeur spirituel d'amour inconditionnel. Je prends le temps de le laisser prendre sa place, de s'ajuster au corps de feu. Nous sommes dans le coeur de la Mère Divine qui nous nourrit. Notre cercle de feu s'installe au centre de la poitrine et descend dans le ventre de la Mère Divine. Elle nous porte en elle, dans son ventre, dans son sein. Nous naissons en elle. La Mère Divine porte une couronne d'or et un manteau royal. J'intègre l'initiation dans mon corps de feu.

Je reviens par toutes les étapes traversées. J'intègre les visages de Dieu dans mes cellules. J'encercle la Terre d'une cotte de mailles d'or qui l'illumine et la protège. J'atterris dans la salle du Centre Magdala. J'ai froid et j'ai les mains gelées. Je tremble.

- Bienvenue sur Terre! disent les chamanes.

Je referme les yeux. Je descends dans mes racines. C'est la fête au coeur de la Terre. Les elfes, les gnomes, les fées, les lutins dansent et tournent autour du feu. Un vrai conte de fées dont nous sommes les héroïnes!

La Voie de l'Ascension des Navajos, du Nouveau-Mexique à Paris

Élève-toi Osiris, afin que tu puisses circuler dans le ciel et ramer devant Ré[*].

e groupe est particulièrement recueilli. L'énergie du Centre de Santé de Magdala, où nous complétons le quatrième séminaire de Vie consciente, est tout aussi fluide que l'eau de la rivière Richelieu qui longe la berge. Le soleil de mars glisse tel un traîneau de diamants sur son lit. Je me sens en paix. Je peux me laisser aller en toute confiance. Je m'enracine et laisse monter l'énergie tellurique dans mon corps. Mes vibrations s'élèvent. Lorsque l'énergie de la Terre arrive dans mon cerveau, je le sens énorme. Chez l'humain, le cerveau lymbique est tel un pruneau desséché qui bientôt ne servira plus à rien. Entre les deux hémisphères il y a de plus en plus d'espace et je vois les liens du corps calleux, le troisième et nouveau cerveau en gestation, le cerveau spirituel. J'ai l'impression de porter un casque de scaphandrier et de grosses lunettes de réalité virtuelle. Je vois les étoiles défiler. Je file à toute allure. Je porte un habit de robot or et je voyage dans un vaisseau spatial or. Je file à la vitesse d'une comète.

J'aperçois un énorme vaisseau spatial grand comme une ville de métal. Je suis attirée vers lui. Des portes s'ouvrent à sa base. Je suis accueillie par les grands êtres minces filiformes aux yeux en amande. Mon guide me conduit à travers des couloirs de métal labyrinthiques. Je le connais, je lui fais confiance. Il m'amène dans une vaste salle de contrôle remplie d'écrans. Chacun des écrans est contrôlé par l'un d'eux et diffuse l'information d'une des parties de l'univers.

Je m'approche de l'écran qui supervise la Terre. On me montre le programme d'intervention des stabilisateurs planétaires qui s'occupent d'équilibrer les énergies terrestres en ce moment. Il m'est permis de pénétrer dans l'écran et d'expérimenter le programme.

---

[*]   *Livre des Morts,* op. cit.

Lorsqu'un déséquilibre énergétique se produit sur la planète, guerre, éruption volcanique, tremblement de terre ou autre, ils sont là pour intervenir sur des points précis et rétablir l'équilibre. Ce travail ressemble à l'acupuncture qui stimule des points stratégiques le long des méridiens. On me permet de ressentir davantage en me laissant prendre la Terre entre mes mains comme lorsque l'on fait du Chi. Je ressens l'énergie entre mes mains. Je viens porter ce gros ballon énergétique dans le chakra de ma couronne. Je porte la Terre dans ma couronne. Je réalise que cette boule d'énergie est le nouveau cerveau, le troisième cerveau, qui remplace le cerveau lymbique. Le cerveau de la conscience planétaire cosmique, intergalactique. À l'aide de mes mains, je viens intégrer le cerveau planétaire entre mes deux hémisphères. Il s'ajuste lentement. Je le descend doucement dans chacun de mes chakra jusqu'aux racines. Puis je reviens par l'écran dans la salle de contrôle. L'une des participantes me demande :

- Peux-tu vérifier le nom du commandant du vaisseau?

On me conduit à la cabine du commandant. Je suis éblouie par la luminosité de cette cabine. À côté du commandant se trouve Sananda Jésus. Sa présence me remplit de joie et d'amour. Par télépathie je demande au commandant de se nommer. Sur son écran, des lettres lumineuses clignotent ASHTAR. Le commandant et Jésus me conduisent dans une immense salle où déjà quelques êtres sont réunis. On m'indique une place autour d'une immense table rectangulaire. Je comprends que ces êtres sont réunis et que d'autres viendront, de la Terre et d'ailleurs, pour une importante réunion dont le thème est la Paix universelle. Une autre participante me demande :

- Reconnais-tu certains êtres?

- Je sais qu'ils proviennent de partout dans l'univers. Je sais aussi qu'il y a des places pour plusieurs terriens qui sont invités et qui sont libres de s'y rendre ou non. Cette importante rencontre durera jusqu'au 7 avril, à Pâques, et le meilleur endroit pour la vivre est le Nouveau-Mexique.

Je suis tellement émue. J'ai envie de demeurer ici et de ne pas revenir sur Terre. Je pleure. Tout mon être m'appelle à rester ici. Voilà où mon âme appartient.

- Comment vais-je vivre sur Terre alors que la seule chose importante pour moi est de vivre cette rencontre?

Je remets en question ma venue en Europe, mon vol Air France du lendemain, tout. Je négocie de laisser mon corps de lumière à cette table et de revenir avec mes autres corps sur Terre. C'est difficile. Je m'arrache à tout ceci. Je reviens, nostalgique et triste. J'ai envie de rester allongée et de ne plus bouger pendant 14 jours. Je sens le support silencieux du groupe. Le soleil a plongé dans la rivière pour la soirée. Je suis plongée dans l'illusion de la séparation jusqu'au cou.

- Je vous remercie pour votre chaleureuse participation.

Nous nous quittons. Chacun retourne dans sa famille, son monde, son univers. Mon univers est là-haut. Il y a des soirées comme celle-ci où je ne sais plus où aller. J'ai laissé mon corps de lumière dans le vaisseau. Chaque fois que je ferme les yeux, je suis avec eux, dans la grande salle où se tient la réunion pour la paix intergalactique. Je ne comprends pas pourquoi le lendemain je me retrouve assise sur un siège de la compagnie Air France, alors que tout me pousse à prendre un vol de la compagnie American Airlines. Je vivote et virevolte dans la Ville-Lumières à me préparer pour le prochain séminaire qui se tient en Belgique durant la Semaine Sainte. Le téléphone sonne.

- Sarah? C'est Evelyne. Ce soir c'est l'avant-dernière soirée d'exposition du Nouveau-Mexique au musée de la Villette. Tu viens avec nous?

La dernière chose au monde dont j'ai envie ce soir, c'est la visite d'un musée. Mais je respecte les intuitions des autres comme j'aime que l'on respecte les miennes.

- Écoute. Je médite sur le sujet. Et si je suis là, je suis là. C'est tout. Merci de m'avoir rappelé l'invitation, dis-je poliment.

Je raccroche et m'assois pour méditer. Immédiatement, le visage d'un Indien Navajo s'installe devant le mien à trois centimètres.

- OK. J'ai compris.

Je me réponds à moi-même à haute voix tellement je sens l'insistance. Je saute dans un taxi en pleine heure de pointe à Paris, un vendredi soir. Kamikaze ou lunatique? Rien ne m'arrête. J'arrive avant les autres. Je commence la visite. Je frissonne de partout.

Bien loin d'être uniquement une exposition d'oeuvres d'art, cette rencontre est un prétexte pour découvrir l'art de guérison des Navajos. Des *medecine men and women* sont présents pour la première fois en dehors de leur territoire. Je lis : « Des *medecine men and women* utilisent l'art de la peinture sur sable pour les cérémonies de guérison ».

Ces rituels de guérison portent des noms fabuleux. La Voie de la Nuit (pour les rêveurs non enracinés). La Voie du Projectile (pour ceux qui reçoivent des attaques). La Voie de la Grêle. La Voie de la Pluie. La Voie de l'Ascension...

Chaque patient est diagnostiqué pour choisir la Voie de guérison selon le type de déséquilibre, de maladie. Selon eux, la maladie est un désordre qui a éloigné le patient de son propre espace sacré. La cérémonie lui permet de se présenter de nouveau à l'être sacré qui a enseigné chacun des rituels de guérison.

Une première étape consiste à purifier l'être par des sudations, des épurations, à l'aide des herbes et des saunas. Puis il est amené à s'asseoir au centre de l'oeuvre peinte, au milieu du rituel. Alors son corps est recouvert de l'oeuvre d'art et du sable qui absorbe le négatif. Puis le sable sera enterré très loin du *hogan*, la maison de guérison, afin que la terre purifie le négatif.

Parmi les couleurs utilisées, il y a le blanc à l'Est, le bleu au Sud, et ainsi de suite. Ces couleurs sont des pierres broyées que les guérisseurs utilisent pour dessiner avec leurs mains sur le sable. Lorsque le patient retrouve l'harmonie avec son espace intérieur sacré, il retrouve la santé, la beauté, le *hozoh*.

Tous les rituels sont accompagnés de chants, de musique, de dessins. Il faut 20 ans à un *medecine man* pour maîtriser la Voie de la guérison que les êtres sacrés « venus d'en haut, plus haut que les nuages » ont enseigné à leurs ancêtres. Un *medecine man* peut maîtriser une, deux, rarement trois Voies. Ils travaillent en collaboration avec les médecins occidentaux et les hôpitaux. Leur territoire sacré est entouré de quatre montagnes sacrées.

Lorsque le patient s'assoit au centre de la peinture, il est présenté au premier qui a reçu ce rituel de l'être sacré.

- Retrouve en toi l'harmonie et mets fin au désordre, demande l'être sacré.

Le *medecine man* n'est ni un sorcier, ni un chaman. Il n'a pas le don, mais reçoit l'appel. C'est un long travail d'apprentissage. Je suis complètement fascinée. Mes amies arrivent.

- Nous avons juste le temps de nous rendre dans une autre salle où se déroule l'exécution d'une peinture de sable faite par les Navajos, leur dis-je rapidement.

Nous traversons une antichambre fabuleuse, une sorte de serre où ont été amenés des orangers adultes en fleurs. Le parfum est un pur délice qui éveille les hautes sphères subtiles de nos cerveaux et les préparent au rituel sacré. Nous prenons place sur les gradins autour d'une scène octogonale. Au centre de la scène, une peinture de sable a déjà été commencée et sera poursuivie ce soir. Deux femmes *medecine* vêtues de leurs habits traditionnels entrent sur la scène. Elles saluent, se présentent et s'asseyent en toute simplicité. Un interprète les accompagne. Elles ne disent pas un mot durant tout le temps du travail. Elles saupoudrent des pierres de couleurs, broyées avec dextérité, dans un état de pure méditation. Je me sens appelée à me rapprocher de la scène. Je m'assois, adossée à une colonne de soutien. Je ferme les yeux et entre à l'intérieur. Je me vois assise avec elles en silence, observant en toute humilité, recueillie comme elles le sont. Soudain, je suis tirée hors de ma méditation par la voix de l'interprète qui annonce :

- Mesdames, messieurs, je viens de recevoir un message des femmes *medecine*. Pour la première fois depuis le début de l'exposition, elles autorisent le public à venir regarder de près leur travail. Nous vous demandons de le faire en silence, avec respect, à la file indienne, en circulant dans le sens des aiguilles d'une montre.

Je jubile. Je suis déjà au pied de l'escalier. Je monte en premier. Il me semble répéter un geste plus que millénaire. Je scelle l'énergie de guérison que j'ai tant de fois reçue ou donnée. Nous sommes au-delà du temps, de l'espace, des frontières, des races, des peuples. Je suis au coeur de cette peinture de sable, au coeur de ces femmes qui ont entendu ma demande. Je remercie l'univers pour cette synchronicité d'amour.

Je ne peux m'empêcher de penser au vaisseau dans lequel j'ai laissé mon corps de lumière.

- Si tu ne vas pas au Nouveau-Mexique, le Nouveau-Mexique vient à toi, me dit Evelyne d'un ton espiègle.

Un clin d'oeil de l'univers. Définitivement, la séparation est une illusion.

LES CHASSEURS D'ÉTOILES LANCENT DES PROJETS RÉVOLUTIONNAIRES POUR MIEUX COMPRENDRE LE CIEL. LEURS CONNAISSANCES PROGRESSENT AU RYTHME DE L'ÉVOLUTION TECHNOLOGIQUE. LA QUALITÉ D'UN TÉLESCOPE DÉPEND DE LA DIMENSION DE SON MIROIR : PLUS CE DERNIER EST GRAND, PLUS IL EST PERFORMANT[*].

LA PÂQUE DE LA RÉCONCILIATION

Ô Atum, donne-moi le doux souffle de tes narines, car je suis un Oeuf. Je suis le Gardien de ce grand être qui sépare la Terre du Ciel[**].

L'épisode du Nouveau-Mexique me redonne une énergie redoutable. La Belgique m'attend à bras ouverts et je le lui rends bien. Le séminaire se déroule durant la Semaine Sainte, à Branchon. Je sais que les morts que nous vivrons symboliquement seront suivies de renaissances et même de résurrections.

Astrid et Benoît, les propriétaires du centre, nous accueillent chaleureusement. Ils sont déjà tous deux initiés à la guérison. Lui, à la guérison de la Terre et elle, à celle des guérisseurs philippins. Par leur sourire, leur enracinement et leur sens du partage, ils nous aideront dans la joie et l'humour à traverser cette semaine initiatique. Le lieu est tel un grand jardin intérieur et extérieur, et peut facilement soutenir et enraciner l'élévation de nos vibrations. Dès le premier jour, j'explique au groupe le programme de la semaine.

---

*   *GEO,* op. cit.

**   *Livre des Morts,* op. cit.

- Nous allons rencontrer tout d'abord des espaces de purification terrestre : les attachements, les ressentiments, le miroir. Ils sont beaucoup plus nombreux en réalité, mais à cause de l'urgence planétaire de former des Passeurs de Terre, nous n'en verrons que trois. Simplement la mention de ces noms agit déjà sur les inconscients et amène une tension de la musculature faciale.

- Il est important de rencontrer ces premiers espaces avant de s'élever dans les plans célestes, car on ne s'élève pas plus haut que ce que l'on a purifié plus bas.

Les visages tendus se détendent... les plans célestes...

- Dans l'Au-delà, qui est au-dedans de nous, il y a des espaces infinis. Notre âme nous y conduit afin de rencontrer ce qui est essentiel pour nous dans chacun des voyages de l'Au-delà. Le but de ces voyages n'est pas de fuir la réalité terrestre, mais plutôt d'intégrer l'expérience de l'Au-delà et de venir l'enraciner sur Terre.

Je les vois commencer à s'élever, à se déraciner. Je poursuis.

- Tout l'art du voyage dans l'Au-delà, que je nomme Exploration du Passage de la mort à la Vie Consciente, consiste à rejoindre par expansion de la conscience des espaces innombrables connus de notre âme, à intégrer en nous l'expérience de ces espaces et à la ramener sur Terre. C'est sur Terre que toutes les expériences mystiques, psychiques et spirituelles prennent vie et racine. C'est sur Terre qu'elles ont un sens et donnent un sens à notre incarnation. La raison pour laquelle nous sommes réunis ici cette semaine, c'est d'apprendre cet art de voyager et de revenir du voyage pour, par la suite, guider d'autres âmes à le faire.

La danse des aller-retour commence. Certains auront davantage à apprivoiser les décollages, par peur de l'inconnu, peur de quitter la sécurité terrestre; d'autres auront plutôt à maîtriser les atterrissages; par amour pour l'ivresse de l'Au-delà, ils auront du mal à revenir vers les densités terrestres, car la Terre leur semble bien ennuyante comparée à l'Au-delà. Tous cependant s'ajusteront et redécouvriront leur véritable choix d'incarnation, leur responsabilité planétaire. Les Passeurs de Terre ont les deux pieds sur Terre car tel est leur rôle : amener les âmes vers Là-haut tout en leur assurant un ancrage Ici-bas. Je les mets en garde en leur racontant une anecdote.

- Je me souviens d'une époque où, en accompagnant les âmes dans le Passage, je décollais avec elles. Un jour, l'une d'elle, heureusement amicale, est revenue sur Terre bien avant moi. J'étais restée là-haut, me complaisant dans les hautes sphères et les hautes vibrations! Je pris un certain temps à revenir. Nous avons rigolé, mais ce fut une bonne leçon. Je devins plus vigilante par la suite.

Je choisis volontairement le vendredi saint pour enseigner l'auto-mort-consciente. Le plafond du salon est tellement haut que je me sens prête à décoller dès que je ferme les yeux. J'ai l'habitude de rejoindre l'Au-delà instantanément, mais je respecte mon enseignement et je vais suivre les étapes. C'est un excellent exercice pour mon âme pressée... mon ego l'applaudit.

Je me rends tout d'abord dans le lieu d'initiations qui est encore un vaisseau spatial. Dans l'espace des attachements, je vois mon attachement à moi-même, «le monde selon Sarah», comme je me plais souvent à le nommer. Je me projette de la lumière orange brûlé et je me transforme en réceptacle contenant une flamme. Dans l'espace des ressentiments se présente un adulte qui représente tous les adultes abuseurs de la Terre. Je le brûle au lance-flammes. Je le brûle de ma colère. Il ne reste de lui qu'un petit garçon de sept ans couvert de taches de rousseur. Je l'emmène avec moi. Il se nomme Jérémie.

L'espace du miroir est un dôme géodésique couvert dans chacune de ses facettes des multiples visages de Dieu. Au centre il y a une colonne de lumière. Jérémie et moi nous nous dépouillons de nos cheveux et de nos vêtements. À l'aide de nos mains de lumière nous ascensionnons comme des comètes. Nous entrons dans une planète bleue entourée de bleu.

La planète traverse une brèche dans la nuit de l'espace. Nous entrons dans un univers blanc ouaté. Nous nous posons. Nous sortons sur l'anneau extérieur. Une main géante nous prend. C'est celle d'un être majestueux vêtu de bleu étoilé. Ses cheveux blancs et sa barbe sont longs. Il porte un sceptre d'or. Il nous rapproche de lui, de son coeur. Il a les vibrations du prophète Jérémie. Il dit que c'est le moment de la Réconciliation.

Un livre d'Or apparaît et s'ouvre sur les pages de Jérémie. L'enfant et moi nous nous allongeons sur les pages ouvertes. Je sens les lettres hébraïques d'or, vivantes sous mon dos. Les bras en croix, nous intégrons le message de Jérémie. L'enfant s'unit à moi. Je deviens la vibration de Jérémie le prophète.

Je me relève. Je suis très vaste. Un chandelier hébraïque est là devant moi. Il est immense. En face, de l'autre côté du chandelier, se tient le Maître des Maîtres. Son auréole d'or illumine la pénombre. Ses vêtements sont rouge bourgogne. Sa tête est penchée. L'émotion me gagne. L'amour m'envahit.

Oui, c'est l'heure de la Réconciliation entre les mondes, entre l'Ancien et le Nouveau. Une grande table se dresse plusieurs sont invités. L'heure de la Réconciliation précède l'heure de la Paix. Le maître de la Paix nous bénit. J'intègre cette énergie dans toutes mes cellules. Je reviens dans l'espace des attachements. L'enfant retourne à la flamme. Je redescends sur Terre et j'atterris au Japon dans un petit temple où se tient le maître Usui. Je le salue et m'installe dans ses vibrations, face à lui. Devant lui il y a un repas japonais. Du riz, des baguettes, des sashimis.

- La nourriture orientale est tellement plus simple et légère que l'occidentale! dis-je en riant.

Usui place sa main gauche sur mon épaule droite et sa main droite sur ma tête. À l'aide du pouce, il trace un signe sur mon front, puis il frappe d'un coup sec le dessus de mon crâne. Il prononce des paroles en même temps mais je ne les entends pas.

Je quitte le Japon pour faire un saut à Hawaii, au bord du cratère d'un volcan. Hawaii, là où le cycle de mes incarnations sur Terre a commencé. Puis je fais un saut en Nouvelle-Écosse et un retour en Belgique. J'ouvre les yeux. Je vois un magnifique chandelier hébraïque tout illuminé.

- J'ai reçu le message, avant que tu ne le dises, d'aller chercher un chandelier, me dit Bernard, amusé et ému.

Quel beau retour! Quel symbole! Ramener la lumière sur Terre! Unir les mondes! C'est une véritable Pâque dans nos coeurs. C'est la Pâque de la Réconciliation en nous et autour de nous. Le lendemain, je me réveille en pleine forme, débordante d'énergie en ce merveilleux matin, samedi saint sous le ciel de la Belgique. J'ouvre les yeux et contemple avec délice ma vaste chambre studio dont la vue donne sur le jardin ensoleillé. Déjà, les oies s'activent à nous tirer du lit.

- Debout paresseux! Que faites-vous encore au lit? cacassent-elles.

Je décide de savourer encore quelques secondes de béatitude, abandonnée dans les bras de cet état magique entre le sommeil et l'éveil. Je jouis du confort et de la douceur de l'édredon duveteux qui maintient bien la chaleur de mon incubation matinale. Soudain, tel un éclair, jaillissent les paroles du maître Usui que j'avais oubliées d'entendre hier :

- Tu es maître Reiki! reprend l'écho de la voix profonde que j'ai occultée.

Mon corps se lève d'un bond, électrocuté. Je regarde mon âme qui me cligne de l'oeil, sourit calmement et décide de prolonger encore un peu son incubation...

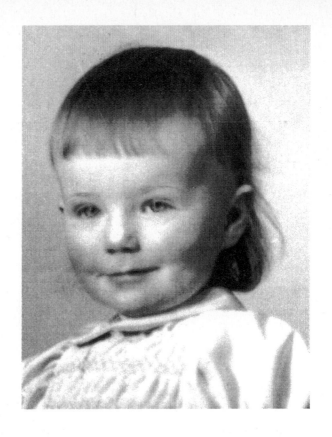

LES CORPS DES ASTRES CÉLESTES NE
SONT PAS COMPOSÉS DES ÉLÉMENTS
NATURELS, EAU, AIR, TERRE, FEU, MAIS
D'UN CINQUIÈME : LA QUINTESSENCE,
APPELÉE ÉTHER[*].

*   *GEO,* op. cit.

La forme Yang de l'amour inconditionnel

Je suis tissé, car certes je suis Osiris, le Seigneur de l'Éternité[*].

J'ai tellement de peine que je ne peux plus la contenir. Je me rends dans ma chambre pour pleurer mon débordement dans la solitude. Heureusement le château est vaste et malgré les 60 personnes qui l'occupent en ce moment, je peux me retrouver seule sans être dérangée. Je m'allonge et laisse mes pleurs et mes émotions circuler. Ce matin, à 6 000 kilomètres d'ici, de l'autre côté de l'Atlantique, Yang se prépare à expérimenter l'euthanasie.

- Madame, votre chien est un mâle dominant. Dès qu'il croise un autre mâle, il l'agresse. Nous ne pouvons le confier en adoption, m'annonce solennellement le vétérinaire.

Désespérée, je tente une dernière intervention.

- Mais on m'avait dit que ce défaut pouvait se corriger en le faisant castrer.

- C'est vrai pour les jeunes chiens. Le vôtre a déjà quatre ans. Il est trop tard. C'est un défaut malheureusement incorrigible.

Il a raison. Combien de fois ai-je vu Yang agresser d'autres chiens mâles? Et, de plus, je ne peux me résoudre à le faire castrer.

Je regarde obstinément le haut plafond de ma chambre comme pour m'ancrer à quelque chose. Les vibrations de ce lieu Cathare sont tellement fortes que tout ce que nous y vivons est intensifié. Ma peine est démesurée et je cherche une bouée.

Je tiens dans ma main droite la patte éthérique de Yang. Je la touche. Je caresse sa belle fourrure, un mélange de braque, de labrador et de coolie. Je sens sa chaleur, sa fidélité, son amour inconditionnel.

---

[*]   *Livre des Morts,* op. cit.

Je revois les dernières journées que nous avons passées ensemble. Inoubliables. Les images défilent dans mon troisième oeil. Je suis de retour de mon deuxième séminaire de Mort Consciente qui a eu lieu en République Dominicaine. Je suis de passage au Québec pour deux semaines. Je ne sais où me réfugier avec mes deux chiens. Personne ne veut de nous.

La neige tombe serrée sur le pare-brise de mon auto. J'ai peine à voir les contours du pavé de l'autoroute. Je roule lentement au rythme des larmes qui roulent sur mon visage. J'entre avec eux dans un des couloirs de la mort et nous allons nous réfugier en ermites dans une forêt du Québec. Je contacte des mémoires vives de mes vies d'ermite, paria, rejetée, bannie. Je vois comme j'ai été proche de Yang en d'autres temps. Il est le chef de la meute de loups avec lesquels je vis. Il me regarde souvent de ses yeux bruns perçants et lèche ma main en signe de reconnaissance. Un soir, après qu'il se soit attaqué à un nouveau chien mâle, je lui envoie un sérieux message télépathique.

Mon âme humaine s'adresse à son âme canine.

- Demain matin, Yang, je te jure, si tu attaques de nouveau Max, je...

Il a le don d'éveiller la Samouraï en moi. Au petit matin, je vais marcher dans la montagne avec les trois chiens, en suivant un sentier connu. Yang est faussement docile et dirige la file comme d'habitude. Lorsque nous revenons, je ne le vois plus. Je l'appelle en vain :

- Yang... Yang...

Il s'est sauvé ou perdu. Il passe 10 jours et 10 nuits seul dans la forêt glaciale, à -30° Celsius avant qu'il ne soit retrouvé, avec à peine quelques engelures! Un survivant! Un chef!

La patte de Yang frémit dans ma main. La porte de ma chambre s'ouvre. Je constate que j'avais oublié de la fermer complètement. La douce chatte Caulet vient me rendre visite. Elle saute sur le lit et sans hésitation vient se coucher sur mon coeur. Mon coeur bat la chamade avec frénésie. Son coeur bat calmement et absorbe ma peine, ma culpabilité, mes regrets. Je sens sa chaleur qui fait fondre mes émotions et les libère.

- Laisse aller... me dit-elle par télépathie, en clignant des yeux.

Elle reste ainsi sans bouger pendant au moins une heure. Je suis un vase communicant entre un animal éthérique qui quitte le plan terrestre et un animal bien vivant qui guérit et transforme ma douleur. Je laisse circuler cet amour inconditionnel inné chez les animaux, à travers mes bras, mon coeur et mon corps.

- Merci Dieu d'avoir créé des êtres d'amour qui ne calculent pas, qui ne dosent pas ce qu'ils donnent ou reçoivent.

Quelques semaines plus tard, afin de m'aider à traverser la perte de cet animal si cher à mon coeur, je me sens amenée à vivre une auto-mort-consciente. Une amie accepte de m'accompagner. Je me rends à travers un couloir dans un vaisseau spatial. Je tiens dans mes bras le corps de Yang. Je pleure car j'ai essayé sans succès de le ressusciter. Rien à faire. Dans le vaisseau, je dépose son cadavre et je fais un rituel de funérailles. Je place de la paille blonde au sol et je dépose le corps de Yang au centre, comme sur un nid de paille. Je me sens déchirée par cette séparation. J'entoure le nid de fleurs. Je recouvre le tout d'un tissu de soie blanche brodé des lettres Y.A.N.G. en or. Je prie.

- Je te remercie Yang de m'avoir accompagnée, dis-je à son âme canine.

Je vois une forme blanche, le corps éthérique du chien s'élever au-dessus de lui.

- Viens, suis-moi, dit la forme.

Il se dirige dans un couloir. Je l'accompagne. Nous ascensionnons très haut. Nous arrivons dans un espace particulier rempli d'animaux. Les animaux sont séquestrés de chaque côté, prisonniers derrière des fenêtres. Je ressens toute la souffrance infligée aux animaux par les humains. C'est insoutenable.

- Nous sommes dans le monde des âmes des animaux, m'informe-t-il. La Source choisit d'utiliser les âmes des animaux pour permettre aux humains de développer la compassion et l'amour inconditionnel. Les animaux sont des outils de la Source pour l'évolution de l'humain. Très peu parmi vous en êtes conscients, très peu le comprennent. Les animaux sont totalement dans l'amour inconditionnel envers vous.

Yang m'amène ensuite dans un autre espace où se trouvent des alcôves bleutées. Je m'allonge dans l'une de ces alcôves et lui dans une autre, parallèle à la mienne. Je vois des ponts de lumière blanche se créer entre nos chakra. Puis commence un processus de transfert d'énergie Yang, de lui à moi. Je reçois ce qu'il a été : tout amour inconditionnel. Je reçois ses qualités Yang : curiosité, espièglerie, aventure, rébellion, dynamisme, action... Je bois tous les aspects du Yang et je les intègre. Je les ressens comme un cadeau. Je les intègre dans mes cellules de lumière.

- Yang, je porte ton énergie en moi. Je te remercie de m'avoir accompagnée une fois encore. Je t'aime.

Le corps éthérique de Yang quitte l'alcôve. Je le suis du regard.

- Adieu, chère âme! Tu dois poursuivre ton évolution. Je te laisse aller.

Je sais désormais que la Source Divine utilise aussi les âmes des animaux pour aider les humains à évoluer. Maintenant, il me faut quitter l'espace des alcôves du monde des âmes des animaux. Je ne sais plus comment retourner. Un guide se présente à moi. Un être androgyne, très imposant, vêtu de larges vêtements, les cheveux très longs et bouclés.

- Suis-moi, dit-il en me tournant le dos.

Nous traversons un espace violet doré lumineux.

- Imprègne-toi des vibrations du lieu.

Puis nous traversons un espace bleu doré et, enfin, un espace vert émeraude. L'être m'amène dans un espace au centre duquel se trouve un énorme cristal.

- Ce cristal va nous ramener à la Terre, dit-il d'un ton assuré.

Je place mes mains de lumière sur le cristal et je me laisse glisser sur Terre, revenir à mon lieu sacré dans le vaisseau, puis dans la pièce.

Je m'abandonne à mes larmes et à la douleur d'une présence gravée en moi pour l'éternité. Bien que mon cerveau gauche affirme qu'il n'y a pas de séparation, mon cerveau droit s'incline devant une nouvelle déchirure qui s'installe dans mon coeur rapiécé, qui ne tient plus qu'à quelques ficelles usées.

Une Île qui guérit

*Car vous êtes passé à travers des saisons de millions
et de centaines de milliers de moments. Après être
passé, vous vous êtes reposé. La Terre s'illumine
lorsque vous vous révélez à votre place comme Ré
qui se lève à l'horizon*[*]*.*

Sur les ailes de Venus Airlines, je m'envole de nouveau vers
la Crète. À mon réveil, nous survolons déjà les montagnes
du centre de l'île. Quel contraste avec la grisaille de Paris
que j'ai laissée à peine trois heures plus tôt! Je reviens pour
une troisième fois sur cette île qui guérit. Je suis loin de me douter de
l'initiation qui m'attend cette fois. J'ai rendez-vous, dans la Baie de
Paleohora, avec une famille de dauphins en liberté... et une âme que
je connais depuis plusieurs vies. La petite Renault blanche zigzague
allègrement à travers le paysage contrasté. Tantôt les falaises
désertiques se jettent dans la mer; tantôt surgissent les hauts sommets
des Montagnes Blanches, enneigés encore en juin; tout à coup
apparaît une vallée tropicale à la végétation exubérante. On se croirait
en même temps dans Les Rocheuses, au pays Cathare, en Jordanie et
en République Dominicaine.

Le peuple insulaire crétois est à la fois sédentaire, terrien ou pêcheur
et nomade navigateur. De temps en temps, des petites chapelles
toutes blanches et des monastères roses émergent, suspendus, on se
demande comment, à flanc de rocher abrupt. Dès que l'on s'éloigne
des villes, une atmosphère sacrée nous accueille et nous enveloppe.
Toute la terre de cette île qui guérit porte la vibration d'un autre
temps où l'humain se savait Dieu. Cette île grandiose est faite à la
démesure des dieux que nous étions jadis. La route fluviale complète
son serpentin dans la petite ville de pêcheurs. Je me rends
immédiatement au port, peu fréquenté en ce moment, où a lieu le
départ du bateau vers la baie des dauphins. J'ai rendez-vous avec
Bettina, la propriétaire de l'agence de voyages. La boutique est

---

[*]   *Livre des Morts,* op. cit.

fermée, ce qui me donne le temps de déguster l'Ouzo, histoire de m'ajuster à l'âme du peuple. Tout en savourant la descente voluptueuse de l'Ouzo dans mes veines, je me demande pourquoi cette question m'est venue ce matin :

- Serais-je capable de choisir d'habiter sur cette île?

La mer est calme. Malgré les 80 personnes à bord, le bateau semble glisser à la surface des eaux. Nous longeons à distance le pied des montagnes, vêtues de rose et d'or, en cette fin d'après-midi. De temps en temps, niché au coeur d'une baie, surgit un petit village blanc. Un silence d'attente règne à bord. Tous sont venus avec l'espoir que les dauphins sauvages viennent les saluer.

- Les dauphins ne sont pas obligatoirement au rendez-vous, nous prévient Bettina. Ils sont libres et sans conditions. Ils seront là, s'ils le choisissent, par pur plaisir.

Nous naviguons depuis plus de deux heures, aucun dauphin en vue. J'observe Bettina, la compagne de Stelios, le capitaine. Une jeune allemande qui a tout quitté il y a six ans, carrière, pays, amis, culture, pour venir vivre ici, dans ce petit village perdu du sud-ouest de la Crète. J'imagine les premières années d'adaptation, les hauts et les bas de la rencontre de l'ancien et du nouveau; je vois danser leurs différences mais, au-delà de tout, je ressens le fluide d'amour tissé entre eux. Lorsque deux âmes ont à se joindre, tout l'univers se met en place pour favoriser la rencontre, peu importent les obstacles. Ces deux âmes-là se sont choisies comme instruments pour guider d'autres âmes sur les grandes eaux et, ainsi, permettre à plusieurs de découvrir la beauté et la joie de la nature sauvage. L'attente est déçue.

- Nous rebroussons chemin, décide le capitaine.

La beauté du paysage compense la déception. Je ferme les yeux et amène le paysage à l'intérieur. Des odeurs de thym et de romarin parviennent du rivage vers le large. Je laisse leurs effluves me pénétrer et oxygéner mes cellules. J'enveloppe l'océan, le bateau, le rivage. J'impose mes mains de lumière au-dessus de l'eau pour tracer un chemin de lumière et remercier. J'ouvre les yeux. Tout près du soleil, un nuage de forme bizarre s'est approché. J'entends les cris de joie des enfants sur le pont.

- Ils sont là! Ils sont là!

Des dizaines de dauphins, sautant joyeusement les vagues, foncent à toute vitesse vers nous. Il n'y a plus vingt enfants à bord, mais quatre-vingts. Stelios débute une série de cercles en haute mer pour s'amuser avec nos hôtes. Je suis tellement émue que je laisse couler mes larmes sans retenue. L'eau salée retourne à l'eau salée. Ma cage thoracique n'est pas assez grande pour contenir tout mon amour. Ils sont là, à nager sur le dos, sur le côté, à sauter dans les airs comme si leur unique raison d'être était le jeu, comme s'ils avaient été entraînés depuis toute l'éternité à faire rire les humains! Ils viennent, deux à deux, s'amusent très près de nous, puis en un éclair repartent vers le large.

- J'ai une très irrésistible envie de sauter par-dessus bord et de me joindre à eux, dis-je avec excitation à Bettina.

Je les connais depuis toujours, ils sont ma famille. Ce sont les miens, mes frères et soeurs océaniques.

La valse des humains et des dauphins se prolonge jusqu'au coucher du soleil qui transforme en or tout ce qui vit. Nous comprenons qu'il est temps de dire au revoir lorsqu'un grand dauphin nous fait un rituel d'adieu. Debout sur sa queue, le corps à la verticale, complètement sorti de l'eau, il recule à pleine vitesse, puis plonge et recommence sans se lasser.

- *He's saying Good Bye!* (Il nous dit Au Revoir!) lance le capitaine.

Mon coeur éclate par la fenêtre de mes yeux, embués de larmes. La vision du dauphin fait place, de l'autre côté de la cabine, à celle d'un homme, souriant tel un enfant. Mon coeur se gonfle davantage, je ne peux plus le contenir.

Intriguée, je me pose intérieurement la question.

- Je connais cet homme, mais où l'ai-je rencontré?

La mémoire vive de mon ordinateur cérébral ressuscite la donnée : un rêve!

- Un rêve que j'ai fait il y a quelques mois. C'était durant la nuit où j'ai dormi chez mes amis bretons.

Je me souviens de l'intensité de ce rêve qui m'avait habitée toute la journée le lendemain. Il s'était allongé sur moi et nous avions fusionné tous nos chakra toute la nuit. Deux étrangers!? Un inconnu!? Il se tient devant moi! Un highlander à la crinière et à la barbe rousses. Il porte du vert qui se marie bien à l'or de ses yeux. Je lui tourne le dos et me projette dans le paysage. Je demande au vent, à Ram, de m'apaiser. Je me retourne de nouveau. Il s'est installé dans la cabine du capitaine. Il est allongé sur mon sac à main que j'y ai laissé en discutant avec Bettina, au début du voyage. Il lit. Il ressemble tout à la fois à un enfant espiègle, un adolescent romantique, un valeureux guerrier et un maître de sagesse.

- Que fait-il allongé sur mon sac?

Je me tourne de nouveau vers le large pour remercier les Anges de la Mer et dire au revoir. Mon regard ne peut s'empêcher de revenir à la cabine. Cette fois, nos yeux se croisent. L'or et le vert se rencontrent. Quelques instants plus tard, avec le plus grand naturel, Bettina vient me chercher pour me présenter cet ami.

- Sarah, voici Mel. *Mel, this is Sarah.*

Je savoure son prénom comme le miel du pays que je mélange à mon yaourt matinal.

- *So, you were in Paris this morning? And here you are, laughing with the dolphins in Crete this afternoon! Normal day for you I suppose?* (Alors, tu étais à Paris ce matin? Et te voici, en train de rire avec les Dauphins en Crète, cet après-midi! Une journée normale pour toi, je suppose?) s'exclame-t-il en riant.

Nous rions comme des gosses se marrant dans la cabine du capitaine, alors que mon âme fusionne déjà avec son âme au-dessus de la baie des dauphins. Nous nous parlons comme si nous nous étions laissés la veille en pleine conversation, il y a 6 000 ans.

- Bettina, est-ce que tu m'as réservé une chambre d'hôtel pour ce soir? dis-je, redevenant soudainement terrienne et pratique.

- Non, j'ai oublié, mais tu n'auras aucun problème à en trouver une.

- *I can rent you one if you want. I own a holistic center in the mountains, 10 minutes from the city.* (Je peux t'en louer une si tu veux. Je tiens un centre holistique dans les montagnes, à 10 minutes de la ville.)

J'accepte avec plaisir, évidemment. Quel hasard! Une âme reconnue qui dirige un centre où se tiennent des séminaires holistiques, dans un petit village entouré de lieux sacrés anciens, à proximité des dauphins en Crète! Pincez-moi! Je rêve! On se croirait au cinéma!

La joie et les rires que nous partageons n'ont d'égal que la beauté de ce village à l'abri du tourisme. Tout y respire le calme, la paix, l'authenticité. Un treillis de roses sauvages recouvre la route de terre qui conduit à l'auberge. Mel est un pionnier au coeur plus grand que l'île entière. En sa présence je n'ai qu'une seule envie : rire.

Le lendemain matin, alors que tous les pensionnaires sont en excursion, je me retrouve en tête-à-tête avec lui sur la terrasse abritée du soleil par une vigne ancestrale. Nous discutons des possibilités que je vienne offrir des séminaires ici l'automne prochain. Puis vient le moment de le quitter, car je dois me rendre à l'autre bout de l'île offrir mon séminaire du Passage de la mort à la Vie Consciente.

Nous nous tenons debout l'un face à l'autre, au milieu du jardin d'herbes sauvages. Les parfums de thym, de sauge et de romarin caressent nos visages. Le soleil s'en mêle en intensifiant les odeurs.

Je m'éloigne doucement. Je n'en finis plus de tirer sur les ponts qui relient mes chakra aux siens. Tout me porte à demeurer sur place.

Il ne bronche pas. Il sourit. Ses yeux sont comme le miel des montagnes qui coule sur nos liens et me retiennent.

Je fais un dernier effort et m'arrache à cette âme, à ce champs, à ce village, à ces montagnes.

- *Good Bye! See you next week!... Sarah Dolphin!* (Au revoir! À la semaine prochaine!... Sarah Dauphin!)

La route est embuée de larmes. Mon coeur, mon plexus, mon ventre me font mal. Une partie de moi, peut-être toute moi, est restée là-haut dans l'auberge du highlander.

L'EXPANSION DE L'UNIVERS PERDURERA OU SE CONTRACTERA. LA MATIÈRE NON LUMINEUSE SE TRAHIT PAR LE MOUVEMENT DES ASTRES. LA QUANTITÉ DE MATIÈRE SOMBRE EST TRÈS SUPÉRIEURE À CELLE DE LA MATIÈRE BRILLANTE CAR LA MAJORITÉ DES ATOMES DE L'UNIVERS N'ÉMETTENT PAS DE LUMIÈRE[*].

*   GEO, op.cit.

Gloire à toi, Roi du Domaine des Dieux, Dirigeant de la Terre du Silence. Je suis venu devant toi, je connais tes voies, je suis équipé de tes formes du Monde Souterrain. Puisses-tu me donner une place dans le Domaine des Dieux en présence des Seigneurs de la Vérité*.

Je m'allonge au centre de la pièce. Les Passeurs de Terre forment un demi-cercle autour de moi. Je m'apprête à leur enseigner l'auto-mort-consciente, en m'utilisant évidemment comme sujet, au cours de ce sixième séminaire qui se déroule en Crète à Koutsounari. Je sens une certaine tension car, depuis deux nuits, je n'arrive pas à dormir. La présence de l'ombre est forte; je suis visitée la nuit et je sais qu'il y a un vaisseau au-dessus du lieu. J'éprouve de la peur et je ne me sens pas à l'aise. Le séminaire s'achève, c'est l'avant-dernier enseignement. Le groupe est particulièrement hétérogène mais je ne désespère pas qu'une certaine harmonie finisse par s'installer. Nos *ego* sont bien vivants et ils le manifestent depuis le début.

Souvent au cours de la semaine, je répète :

- N'oublions pas que ce sont nos âmes qui nous ont tous amenés jusqu'ici, à vivre ensemble cette expérience.

Je me recouvre d'un châle de soie jaune, serti de symboles sanskrits en lettres rouges. Je ferme les yeux. Je commence à me centrer et à m'intérioriser. Ma respiration se calme, mais mon coeur bat plus vite, comme un tam-tam de guerre dans ma poitrine. Je parle à haute voix pour m'auto-guider.

Je me détends et je me prépare à vivre une exploration du Passage de la mort à la Vie Consciente. Je prends le temps d'établir un climat de confiance avec mon âme, mes guides, la Source et les maîtres du Passage. J'amène toute mon attention à mes racines et je les plonge

---

*   *Livre des Morts,* op. cit.

à travers le sol. Mes racines traversent la Terre sacrée de la Crète et se rendent dans l'océan. Elles sont noires et demandent à être purifiées. L'eau salée leur fait du bien. Je vois défiler des images de la mythologie grecque : des temples, des dieux, Apollon, Zeus, Neptune. Je plonge plus loin jusqu'au coeur de la Terre. J'ancre mes racines à deux immenses cristaux, comme on ancre un navire. Puis je prends contact avec la chaleur intense et la lumière orange doré du coeur de la Terre qui est de la matière en fusion. Je laisse la puissance de l'énergie tellurique pénétrer dans mes racines, libérer et purifier toutes les cristallisations, les blocages. L'énergie tellurique monte telle la sève dans un arbre à travers l'océan et la terre sacrée de Crète. Je ressens, en passant, les couches superposées des vestiges de civilisations anciennes de cette vieille île.

L'énergie monte jusqu'à mes pieds et réveille tous les points de réflexologie. Je ressens la forte vibration de l'énergie orange doré qui monte à travers mes méridiens et réveille tout sur son passage. Elle continue à s'élever par les chakra et à intensifier leur luminosité.

Je demande à mon âme de m'amener dans un haut lieu d'initiation au Passage. Je survole la Cordillère des Andes. Je m'assois en position de contemplation sur le sommet d'une pyramide Inca. Je contemple la magnificence du lieu : les sommets enneigés, le soleil ardent, les vallées luxuriantes. Je prie.

L'air est presque trop pur, j'ai de la difficulté à respirer. J'ajuste mes vibrations à ce lieu. Je demande à être assistée et supportée par les Maîtres du Passage. Je me rends dans l'espace des attachements. Le sommet de la pyramide s'ouvre et je descends un escalier de pierres, puis un couloir qui m'amène à une porte en or massif qui brille de tous ses feux. J'ouvre la porte. Tout est en or : les murs, le sol, le plafond. La lumière est aveuglante. Mon fils m'y attend. Il a son air joyeux, libre, espiègle. Il me sourit d'un air moqueur. Sa crinière rousse se marie bien à l'or de la pièce. Il me dit simplement :

- Je suis heureux de t'avoir enseigné le détachement.

Je m'en réjouis et je me sens en paix. Il continue à sourire et s'affaire à ses projets de sons et d'images. Je me rends à l'espace des ressentiments devant une porte bleue. La lumière bleue passe à travers la porte. J'ouvre. Je pénètre dans une pièce de lumière bleue, douce et paisible. Une silhouette blanche m'y attend. Je m'approche.

C'est une femme voilée. Elle soulève son voile et je constate que tout son corps est entouré de bandelettes blanches. Seuls les yeux sont libres. Elle me dit :

- La guérison et la convalescence vont bien.

Je sais qu'elle me parle de la femme blessée en moi et que la guérison du Yin est à se compléter. Je reviens au sommet de la pyramide. Un miroir se déroule devant moi tel un tapis volant. Le miroir me renvoie l'image d'un guerrier Inca casqué d'or et couvert d'une armure de paillettes d'or. Le tapis-miroir m'emporte au-delà des nuages. Un vaisseau d'or m'y attend. Je m'envole vers l'espace infini. Droit devant, une base intergalactique se trouve bien en vue, un gigantesque vaisseau de métal gris et noir. Il a la forme allongée et repoussante du requin et me fait penser à un vaste *tank* de guerre.

Le ventre du monstre s'ouvre et mon vaisseau pénètre à l'intérieur. Je suis accueillie par deux colosses vêtus de métal noir. Ils font le double de ma taille. Leurs casques me rappellent ceux des nazis. Je les suis, le ventre un peu serré. Je sais que j'ai un rendez-vous. J'éprouve pourtant l'émotion inverse de la peur, sans toutefois pouvoir la nommer ou l'identifier. Nous traversons des couloirs-labyrinthes pour nous rendre à une vaste salle de contrôle faite de verre. Je suis guidée vers une alcôve circulaire sans fenêtres. Pur métal. Je prends place sur un fauteuil complexe couvert de boutons et de circuits et j'attends.

Il arrive. Il monte un escalier que je n'avais pas perçu. Il est gigantesque. Je lui reconnais l'allure du chef de ce navire flottant. Il s'assoit devant moi. L'image est cocasse : un géant de métal noir devant un nain couvert de paillettes d'or. Nous débutons une communication télépathique qui se déroule sous forme de vibrations, de sensations et d'images. Il commence la transmission. Je reçois les ondes et les laisse parvenir à mes sens. Plus je les reçois, plus la souffrance devient pénible.

- Je te fais expérimenter le non-amour dans toutes tes cellules.

Je suis totalement habitée par l'expérience du non-amour... par l'absence de l'amour. J'éclate en sanglots. Je laisse exploser en moi et à l'extérieur de moi le choc de cette rencontre. Je ressens le vide et la noirceur du non-amour. Je ressens l'appel profond de cet être qui a perdu le chemin de l'amour. Mon coeur se gonfle démesurément, je n'arrive plus à le contenir. L'amour éclate en moi. La compassion éclate en moi. Devant cet être que l'on dit appartenir à l'ombre, je n'éprouve que cette immense vague, cet immense raz-de-marée d'amour et de compassion, plus grand, plus vaste, beaucoup plus grand et plus vaste que moi.

Je ne peux plus parler. Je pleure. Je choisis de me laisser vivre cet état, ce choc, cette expérience. Les mots se bousculent dans ma tête, tentant de m'aider à comprendre :

- Ils ont perdu le Chemin... ils cherchent à le retrouver mais ils cherchent mal... ils cherchent à travers la peur, la guerre, la défense, l'attaque, l'agressivité... ils cherchent par tous ces moyens qui sont l'envers de l'amour à attirer notre attention... ils viennent demander notre aide, nous de la Terre, afin que nous leur indiquions le Chemin... ils savent que sur notre planète se vit encore l'amour, bien que le non-amour soit aussi présent...

Les mots se bousculent et finissent par disparaître pour laisser toute la place en moi à l'amour et à la compassion. J'ai le coeur gros, comme on dit sur la Terre.

- Je te remercie de m'avoir permis d'expérimenter le non-amour, lui dis-je ébranlée.

- Fais-moi expérimenter l'amour en échange, me demande-t-il à son tour.

Je laisse parler mon coeur en images, en vibrations, en sensations. Tout se vit à travers le troisième oeil, les cellules et les sens. J'envoie les ondes d'amour par des images que je connais sur Terre. Le sourire des tout-petits. L'amour, la tendresse entre humains. La beauté des fleurs, des montagnes, des rivières. Les dauphins joyeux venant nous rencontrer en pleine mer. Les chatons naissants. Les jardins. Les pommiers en fleurs. Les fraises mûries au soleil. Le regard souriant d'un sage vieillard. La neige toute blanche qui recouvre les vallées. Les êtres en prière. Un père qui tient la main de son fils de neuf ans, atteint de leucémie, qui s'apprête à laisser son âme faire le Passage. Les dunes dorées du désert. Le vent qui souffle les feuilles multicolores de l'automne. Mon fils Manu qui rit aux éclats.

Je ressens le ressac des ondes que j'ai émises revenir vers moi. Je crois que j'ai touché une corde encore sensible, bien enfouie quelque part en lui. Tout comme l'espace dans lequel il baigne m'a submergée, à mon tour, je le sens submergé. Je remarque derrière les ouvertures de son casque de métal un mince filet de lumière se déposer sur sa souffrance. Un long silence nous unit. Je déborde d'amour et de compassion alors que je m'attendais à une rencontre sévère, périlleuse même.

- Votre seule protection est l'amour! Votre seule attitude envers vos amis de l'ombre est l'amour! disent mes amis de lumière.

Je sens que bientôt je vais devoir quitter cet endroit. Je n'en ai pas envie. Je pourrais demeurer ici encore pendant quelques semaines et échanger. Je ressens l'invitation.

Je lui réponds :

- On me rappelle sur Terre. Mais je reviendrai. Je connais le chemin et l'endroit.

Nous nous remercions et nous nous saluons. Je m'arrache à sa présence. Les colosses me reconduisent. Je reprends le chemin du retour. Je reviens au sommet de la pyramide.

- Comme je suis heureuse de revenir sur Terre! Pour la première fois en cette présente incarnation, j'éprouve un immense sentiment de joie à revenir, à être sur la Terre! Quelque chose de vraiment important vient de se produire, quelque chose de nouveau qui me donne l'envie d'être ici, sur cette planète où se vit encore l'amour.

Et si la Terre était le dernier Jardin d'Eden de tout l'univers où l'amour est encore cultivé? Et si les peuples de la Terre étaient à vivre un Passage, une transition, un choix entre l'amour et le non-amour? L'ombre et la lumière? La vie et la mort? La liberté et la servitude? Je respire l'air extrêmement pur des Andes et j'en remplis mes poumons. Je contemple la beauté qui m'entoure et l'amour qui m'habite. L'amour envers la vie, envers moi-même, les autres et surtout la Terre! Je reviens dans mon corps et j'intègre l'énergie dans ma bien-aimée planète Terre. J'ouvre des yeux embués de larmes. Je promène en silence mon regard sur chacun des participants. Les mots seraient inutiles. Certains ont pleuré avec moi. Tous ont rencontré le maître de l'ombre en même temps que moi.

- Votre seule obligation est l'évolution de votre âme. Votre seule responsabilité est l'amour inconditionnel, répètent les êtres de lumière.

Nous sommes unis dans cette expérience de rencontre avec l'espace du non-amour. Nos ego sont allés prendre l'air quelque temps. Nos différences se sont fondues, notre mental s'est tu.

- Il n'y a que l'amour... chantaient Brel, Piaf... Le refrain résonne encore dans ma tête.

Les Passeurs de Terre que nous sommes comprennent qu'il n'y a pas que le Passage de la Vie à l'Après-vie, du corps physique au corps de lumière. Il y a surtout le passage du non-amour à l'amour. Et celui-là est sans frontières.

Durant la nuit je rêve à Gurumayi. Je viens me présenter à elle au milieu de la foule.

- *I am Sarah*, dis-je simplement.

Elle plonge ses yeux de diamant noir intense dans l'eau vert doré des miens. L'instant dure une éternité. Elle prend mes mains jointes dans les siennes et me dit tout aussi simplement :

- *We do thank you!*

Je m'éloigne doucement d'elle, mes yeux rivés aux siens, mes mains unies aux siennes jusqu'au fond de la salle. Nos liens d'yeux et de mains s'allongent avec fluidité. Je me réveille en pleurant à chaudes larmes, le coeur gonflé de gratitude. La semaine suivante, neuf jours plus tard, je trouve dans la terre labourée du site du chakra de la conscience, là-haut dans la montagne, un coquillage spiralé blanc doré, symbole que j'avais reçu d'elle en rêve, il y a un an et demi.

LA GUÉRISON DU COEUR

Mon coeur est mien dans la Maison des Coeurs,
mon Coeur est mien et il est au repos ici.*

 arah, nous avons opéré votre coeur jusqu'à l'avant-dernier palier. Il reste une couche de cristallisations à pulvériser avant d'atteindre le réceptacle d'amour inconditionnel qui se loge tout au fond.

Les êtres de lumière sourient de leur sourire inimitable qui ressemble à l'apparition soudaine du soleil au-delà des nuages. La même luminosité, la même chaleur, la même surprise.

- Cependant, nous ne pouvons aller plus loin pour le moment, votre coeur physique ne le supporterait pas... il exploserait!

Je veux bien les croire. Il n'est pas évident pour un coeur de Samouraï de s'ouvrir soudainement à l'amour sans conditions. Il faut du temps, de la patience et de la douceur pour l'en convaincre... ou encore la rencontre d'une âme-soeur...

Ce fut le cas!

Je reviens donc à Paleohora avec le groupe des Passeurs de Terre du séminaire crétois. Le plaisir doublé de revoir Mel et les dauphins influence l'accélérateur. Les allées de lauriers sont plus roses, l'océan plus turquoise et les montagnes plus vertes que la première fois.

Les dauphins sont au rendez-vous et le viking insulaire n'a pas changé. Une grande fête se déroule au coeur du village : une trentaine de personnes chantent, dansent, font de la musique et boivent du bon vin madérisé, de l'Ouzo, du Raki, les boissons nationales grecques.

L'air est léger, embaumé des parfums subtils des fleurs et des oliviers géants qui encerclent le village de Azogires. Une marche prolongée sous les rayons de la pleine lune nous permet de découvrir la beauté sauvage de cette autre extrémité de l'île.

---

*   *Livre des Morts,* op. cit.

- Nous sommes heureux d'être venus si loin, rencontrer un endroit magique aussi sauvage, aussi rustique et surtout la Joie Pure des dauphins, me confient-ils sincèrement.

Le silence nous tient compagnie et la nature nous aide à enraciner les hautes énergies contactées dans l'Au-delà au cours du séminaire. La nuit s'annonce paisible et enveloppante. Au milieu de la nuit, une lumière s'infiltre dans ma chambre qui surplombe la vallée au-dessus de la mer. J'ouvre les yeux sur une pleine lune de fin de nuit, déjà gorgée du bientôt soleil levant. Le disque d'or se marie au disque d'argent et crée un éclairage cuivré sur fond de ciel rose, à faire frémir tous les Gauguin de la Terre. Je reçois en plein troisième oeil la lumière or, cuivre et argent. Le temps s'arrête. L'éternité vient au monde. Il n'y a plus ni lune ni soleil. Il n'y a que la lumière vibrante.

La crinière rousse flamboyante de «Coeur vaillant» émerge du nuage de poussière laissé par la Land Rover.

- *Hi Sarah Dolphin! Did you sleep well?* (Bonjour Sarah Dauphin! As-tu bien dormi?)

Il sourit à me donner le goût de prendre la tête d'une armée et de libérer un pays entier, glaive en main!

Le petit déjeuner anglais n'a de petit que son nom. S'il fallait ne prendre qu'un repas chez nos ancêtres d'Angleterre, ce serait celui-là. On n'en finit plus d'être à table et c'est très heureux car j'aime bien voir évoluer les âmes dans leur quotidien. Voir comment elles se dépatouillent dans la vraie vie, pas seulement en prière. Il passe le test haut la main. Je suis loin de me douter que je vais échouer le prochain. Du moins c'est ce qu'il me semblera au début.

Je lui parle du Passage de la mort à la Vie Consciente, de mon âme, des petits riens qui occupent une existence en somme!

- *I think I found my own path for this moment. I am following the teachings of an Indian master. I am now into the preparation year before I go to his ashram in India next year. It is quite difficult for me but I am determined.* (Je crois avoir trouvé ma propre voie pour le moment. Je suis les enseignements d'un maître indien avant d'aller vivre dans son ashram en Inde l'an prochain. C'est très difficile pour moi, mais je suis déterminé.)

Je suis tellement fascinée par son accent anglais que j'occulte la suite de ses confidences. J'occulte totalement que son maître lui demande abstinence de viande, d'alcool et de relations sexuelles en dehors du mariage. J'occulte particulièrement son prochain mariage d'ici quelques mois. Je souris naïvement et je n'entends plus rien. Une vieille habitude chez moi d'occulter ce que je ne peux plus voir ou entendre, ce qui est trop douloureux. Nous nous quittons joyeusement et je souris toujours. Je ris même en l'embrassant.

Sur la route du retour, un accident de moto dramatique me sort de l'hypnose. La souffrance du motard se mêle à ma souffrance maintenant dégelée, comme après une visite chez le dentiste. Le dernier palier du coeur vient d'exploser. La couche cristallisée est propulsée par les portes du coeur. Une explosion atomique se déchaîne en mon centre. Mes larmes coulent sur le motard, sur son âme qui ne sait plus si elle doit quitter ou rester dans son corps torturé de souffrances. Je m'accroche au volant et je prie que le Reiki à distance que lui envoie France Noëlle, ma compagne de route, agisse aussi sur mon âme. J'accuse le coup du dégel.

Les jours qui suivent sont un long calvaire à peine symbolique. Chaque grenaille décristallisée se transforme en gigantesques taches rouges sur mon corps, particulièrement dans la région du coeur, de la poitrine, des bras et des mains.

- Va voir un médecin, Sarah, me conseille-t-on.

- Je n'ai jamais vu une réaction cutanée de la sorte, me confirme, intrigué, celui que je rencontre.

Je brûle. Je suis irritée. Mais le plus difficile c'est de rencontrer l'émotion qui se cachait dans cette muraille. C'est d'affronter la blessure originelle, celle que je suis venue guérir durant cette présente incarnation. Ma haine profonde de l'humanité.

Je m'isole souvent dans ma chambre pour pleurer, hurler même. Je suis traversée de spasmes incontrôlables. Je refuse l'aide que l'on tente de m'apporter. Je suis à vif. Chaque fois que je ferme les yeux, je vois des scènes de crucifixion, de martyres, de tortures, de prisons, de massacres. J'en veux à l'humanité entière pour son ignorance et sa bêtise. Pire que tout, je projette ma haine sur le groupe de personnes venues entendre les enseignements sur la maîtrise de sa vie, les chakra, les lieux sacrés.

- Je les déteste tous! Je ne veux pas les voir!

J'ai envie de fuir. De me rendre en Israël sur les ailes de Lufthansa, de fumer des cigarettes, de me cacher dans ma caverne. J'agonise. Je re-meurs.

À la fin de la formation, je sens la fin de ma tempête intérieure. Je reconnais avec humilité que le miroir de haine que j'ai projeté sur les autres cachait en réalité une haine encore plus profonde : le non-amour de moi-même. J'accueille ce manque de respect envers toutes les parties de moi et je me promets de commencer à cultiver le jardin bien abandonné de l'amour en moi. Car comment saurait-on donner aux autres ce que l'on n'a pas cultivé en soi?...

Un vent aussi fou que le vent peut être fou en Crète se lève et balaie tout pendant deux jours. Je confie à Mukta qui a été témoin de mon apocalypse :

- Je suis lessivée. J'ai hâte de revenir dans la grisaille de Paris et l'humidité du Québec. Je jure de ne plus jamais remettre les pieds en Crète!

Je la regarde qui me sourit naïvement, sans commenter, comme elle seule sait si bien le faire, d'un air qui sous-entend les secrets des mille et une nuits.

- Une nouvelle âme-soeur peut-être? lance-t-elle en se moquant.

Je réponds presque agressivement :

- Une dose d'uranium sous pression serait le terme plus juste! Et la rencontre n'a duré du début à la fin que 12 heures!

Nous pouffons de rire, d'un rire qui fait tellement de bien. Quelle ironie! Nous volons sur les ailes de Venus Airlines, au-dessus de la Grèce Romantique!

DE GÉNÉRATION EN GÉNÉRATION D'ÉTOILES, APRÈS DE MULTIPLES NAISSANCES, VIES ET MORTS, LE GAZ DES GALAXIES S'ENRICHIT D'ÉLÉMENTS COMPLEXES[*].

SAMSARA

Je suis Celui qui est venu de l'inondation, à qui l'abondance fut donnée, afin que je puisse avoir du pouvoir sur la Rivière[**].

J'ai l'impression d'aller faire une transe pour un ami que je ne reverrai plus jamais, annonce tristement Lakshmi.

Nous nous faufilons entre les voitures parisiennes qui klaxonnent dans les rues achalandées à l'heure de pointe. La chaleur humide de cette fin d'après-midi nous contraint à fermer les fenêtres. Nous venons de quitter à regrets le bois de Vincennes pour nous engouffrer dans la circulation, direction centre-ville de Paris. La lourdeur de la journée s'engouffre en même temps dans l'auto.

C'est en silence et le coeur serré que nous déambulons sur le pavé d'époque de la petite rue du Ve arrondissement. Les commerçants sont en congé aujourd'hui. Les boutiques sont désertes, comme le désert qui s'installe dans nos coeurs. La grille de la porte d'entrée de l'ancienne maison s'ouvre en grinçant des dents.

Le petit jardin emmagasine les derniers rayons de soleil de la journée et les descend dans les profondeurs de la terre, où ils apporteront un peu de lumière aux sépultures du VIIe siècle qui reposent au sein de ce vieux cimetière. Le vitrail du mur de l'église, qui prête son dos au jardin et à la maison, cligne de ses derniers feux avant de s'endormir. Le jardin est tout beau, tout propre, un grand ménage vient

---

*   *GEO,* op. cit.

**   *Livre des Morts,* op. cit.

visiblement d'y être fait. Guillaume nous accueille, comme à son habitude, avec un grand sourire de générosité. Ses yeux fatigués plongent dans les nôtres pour venir saluer nos âmes.

- Comment allez-vous? lance-t-il joyeusement en nous embrassant.

- Bien merci! répondons-nous presque en choeur.

Nous n'osons demander « Et toi? », car nous connaissons déjà la réponse. Cette formule de bienvenue est aussi désuète et insignifiante qu'un morceau de bois séché dans la rue. Nous avons, de toute façon, peur d'entendre la réponse. Guillaume vient de recevoir le verdict formel des spécialistes de la médecine : cancer trop avancé pour une opération et métastases au cerveau! Il vient tout juste de fêter ses 50 ans! Nous nous installons dans la petite pièce de méditation qui fait face au jardin.

Lakshmi se prépare à canaliser. Des larmes coulent sur ses joues. Guillaume se recueille. Les êtres de lumière sont venus le rencontrer à travers le médium avant qu'elle ne quitte la ville pour tout l'été. Nous sommes assis immobiles, témoins de cette rencontre.

À travers la buée de mes yeux, je contemple le mandala du vitrail de l'église. Mon âme entre dans la rosace et se retrouve à flotter dans l'église, comme elle flottait dans la cathédrale au début de la première exploration du Passage. Mon âme de nouveau contemple les sépultures sous elle et la cérémonie des funérailles de son enveloppe en cette autre époque.

Nous nous élevons au-delà de l'attraction terrestre, en même temps que l'âme de Guillaume et allons rendre visite au plan céleste. Ici tout est or et lumière. La Joie et l'Amour remplissent l'espace. Les êtres de lumière saluent Guillaume et lui demandent de s'aimer, de s'accueillir totalement, de se donner ce qu'il a toujours résisté à se donner. Ils l'entourent et agissent avec douceur sur ses cellules de lumière.

Nous revenons vers la Terre, dans la voûte de l'église. Je reviens à travers la rosace du mandala. La transe s'achève dans la douceur et l'amour, comme là-haut. Nos mains et nos corps palpent les vibrations de la pièce. Nous étions cinq. Nous voici des milliers à occuper cet espace terrestre. Il y règne un silence céleste. Nous sommes de retour sur la Terre que nous n'avons jamais quittée. Nous sommes de retour du Ciel que nous n'avons jamais quitté. Le mandala tourne sur lui-même tel la Roue du Samsara. C'est avec la sensation de flotter dans l'eau plutôt que de marcher sur Terre que nous quittons la demeure de notre ami.

- Vous reviendrez en septembre, dit-il avec mélancolie. Nous sortirons de bonnes bouteilles de vin de la cave et ce sera la fête.

Oui Guillaume. Nous reviendrons en septembre et ce sera la fête. Et nous partagerons le pain et le vin encore une fois. Entre nous circulera l'amour et nos coeurs se réjouiront. Nous te le promettons. Je ne sais pas pourquoi, mais j'ai l'impression de ramener le mandala dans ma gorge et il m'empêche de dire un seul mot. Rien ne sort de ma bouche. Le soleil s'est endormi pour la nuit. Ses derniers rayons amènent un filet de lumière dans mon ventre.

LE COEUR DE DIEU

Je suis ce pur lotus qui s'est échappé du soleil. Je suis la Femme qui illumine les ténèbres. Je suis venue éclairer la noirceur et il fait clair*.

J'aime le Québec. J'aime la terre du Québec. J'aime la nature amoureuse du Québec. Les racines profondes de mon coeur sont ici en cette présente incarnation.

Grâce à l'une des participantes, nous nous retrouvons dans un superbe domaine pour le septième séminaire de Vie Consciente. La vaste maison bleue aux sept colonnes de pierres surplombe royalement le Lac Massawipi. Les hôtes, Micheline et Paul Lambert, nous accueillent chaleureusement. Que de liens je ressens entre eux et moi!

- C'est toujours une fête de vous revoir! leur dis-je avec joie à mon arrivée.

La maison est un bijou de beauté et de goût. Une oeuvre d'art dans laquelle je me sens immédiatement chez moi. J'apprivoise la beauté et l'abondance extérieure comme des miroirs reflétant mon intérieur. L'espace est vaste et j'y respire amplement. La maison est protégée par une forêt d'arbres plus que centenaires.

- Est-ce que tu sais Sarah que j'ai un diplôme en thanatologie et que j'ai souvent accompagné des mourants? glisse l'hôtesse au milieu de notre conversation au petit déjeuner.

- Non je l'ignorais, mais je suis heureuse de constater qu'il n'y a pas de coïncidences.

À table, ce matin-là, tous les clients de l'auberge parmi lesquels je suis assise se mettent à parler de la mort.

- Est-ce la vibration que je dégage? Je n'ai pourtant pas l'air d'un croque-mort! me dis-je intérieurement.

---

*   *Livre des Morts,* op. cit.

229

Je réalise soudainement que nous tous, les humains, malgré nos différences et nos divergences, avons à tout le moins un point commun qui nous unit, la mort. À moins que nous ne soyons déjà immortels, ascensionnés ou avatars, la majorité d'entre nous connaissons encore pour le moment le Passage dit de la Mort. Les anglais sont plus subtils ou moins réalistes lorsqu'ils disent : «*He passed away*» (Il est passé ailleurs), de quelqu'un qui a fait le Passage. Le séminaire se déroule avec intensité. Nous ressentons constamment la présence des Maîtres du Passage qui nous guident et nous accompagnent. La présence d'autres êtres se fait sentir également, en particulier la nuit.

- Micheline, si tu places une lumière dehors, la nuit, les *bibittes* vont instantanément se précipiter sur elle.

Je tente de lui expliquer ce que je vis souvent la nuit au cours des séminaires. Mes amis de l'ombre n'ont pas toujours envie que je vienne les déranger avec mes gros cylindres de lumière. Ils se précipitent très vite devant ma porte et s'empressent de se présenter et de me faire savoir qu'ils veillent et surveillent. Je leur souris maintenant, car je sais qu'ils savent que je les aime et que plus rien ne m'arrêtera d'accomplir ma mission. Ce n'est que le début.

- Ne t'en fais pas Sarah, répond-t-elle franchement avec une pointe d'humour. J'ai placé une armée de gros anges avec leurs épées dans ta chambre et un peu partout dans la maison.

On éclate de rire mais, au fond, je suis rassurée car je sais qu'elle comprend.

- Je te dirai demain matin si tes «gros anges» ont fait leur boulot, lui dis-je en tapant un clin d'oeil.

- À condition que tu puisses les voir...

- Ne t'en fais pas, mon troisième oeil n'est pas en chômage. De plus, j'ai mes codes...

- Que veux-tu dire? demande-t-elle intriguée.

- Eh bien, je reconnais les présences dites invisibles, ou les énergies, par des codes. Les anges se présentent à moi sous la forme de nuages ou de silhouettes blanches en mouvement; les maîtres arrivent tels des prismes ou des spirales orange, safran, jaune, rouge, doré, qui s'emboîtent les uns dans les autres comme lorsque l'on regarde le soleil; les extra-terrestres attirent mon attention sous formes de kaléidoscopes en mouvement, noir et blanc pour les moins lumineux, jaune et vert pour les plus rigolos.

- C'est tout? dit-elle en se moquant un peu devant ma description détaillée et précise.

- Non. Je reçois aussi des signes kinesthésiques, des démangeaisons, des douleurs, des éruptions cutanées, des bourdonnements, des courants électriques, selon la provenance des entités qui frappent à ma porte...

- C'est tout? dit-elle une seconde fois avec un air qui veut en dire plus long qu'elle n'ose.

- Ah oui, j'oubliais... il y a aussi toutes les manifestations au chakra de la couronne : les poussées, les pressions, les vilebrequins, les aspirations, les charges, les vertiges... sans parler des autres chakra... la cage thoracique qui s'écartèle, les chocs au coeur... la nausée... le plexus qui...

- Arrête! Ça suffit! J'ai compris! Je voulais simplement savoir si tu verrais mes gros anges!

On pouffe de rire encore plus. On rit tellement que l'on a mal au dos. Lorsque la folie s'estompe, elle continue.

- Sarah, cette semaine j'ai souvent pensé que ma place était avec vous dans la formation plutôt qu'ici dans ma cuisine.

Je regarde ses yeux de lumière qui sont déjà dans l'Au-delà. Je reconnais vite ce regard particulier qu'ont certains humains lorsqu'ils sont à la fois ici et là-haut. Le regard des Passeurs de Terre.

- Ce n'est que partie remise Micheline. Tu y es déjà. Quel honneur ce serait de t'avoir parmi nous! Mais je veux te dire que pour moi il n'y a aucune différence entre le salon et la cuisine, pas plus qu'il n'y en a entre l'Au-delà et la Terre. Je m'empresse de rajouter :

- L'Au-d'ici vaut bien l'Au-delà, qu'en penses-tu?

On rit encore plus et ça fait tellement de bien. Enfin venu le moment d'enseigner l'auto-mort-consciente. Il y a quelques mois, je frissonnais à l'idée de m'allonger devant un groupe, de me mettre à nu devant eux et de me propulser dans les plans de lumière, sans savoir si j'aurais le goût de revenir; puis d'atterrir publiquement devant les participants, avec une tête qui ressemble davantage à une soucoupe volante qu'à un humain! L'ivresse des hauteurs, je la connais pour l'avoir pratiquée de plusieurs façons dans bien des vies. Aujourd'hui, je suis toujours impatiente de me propulser dans les plans célestes publiquement, car je sais que je suis guidée et que ce sera un grand moment d'initiation pour toutes les âmes présentes. Je décolle.

Je m'enracine au fond du lac Massawipi où il y a plein de vestiges archéologiques Amérindiens. La lumière orange doré me remplit et entoure mon cocon de lumière. Je me rends vers un lieu sacré d'initiation au Passage. C'est un disque d'or qui flotte dans l'espace. Je suis assise au centre, dans mon oeuf orangé. Je canalise la lumière rose perles. Le rose est rempli de perles. Je me remplis de lumière rose. Une fleur de lotus s'ouvre dans le chakra du thymus.

Je demande à me rendre dans l'espace du miroir. On me répond que j'y suis. Un oeuf orangé sur une plaque or dans l'espace infini étoilé. Quelle merveille! Mon cocon s'ouvre comme les pétales d'une fleur. Au centre se trouve une forme agenouillée. Mon corps de lumière en devenir. J'enlève mes cheveux. Ma tête chauve est androgyne.

Je lève la main droite qui m'aspire dans l'infini. J'entre dans un soleil blanc jaune. Je file à travers une série d'anneaux. Bientôt je suis rejointe par d'autres formes blanches. Nous arrivons sur une plate-forme horizontale. Nous nous installons en cercle dans un cylindre vertical. La plate-forme monte. Nous arrivons en haut.

Il y a 10 cônes autour de nous. Chacun de nous entre dans un cône. Nous sommes dans les doigts de deux mains jointes, paumes ouvertes vers le haut. Ces mains géantes sont celles d'un être géant. Je prends un recul et je vois les bras, le dos de l'être. Il porte une tunique diaphane lumineuse, drapée sur son corps, sa tête, son visage.

Je quitte le dos pour venir faire face à l'être. Je me sens comme une petite mouche à feu, une luciole qui vient déranger Dieu. Il lève la tête et, à travers la tunique, je vois ses yeux tels des rayons de lumière incandescente. Je vois de sa poitrine, dans le triangle des trois coeurs, émerger des rayons de lumière. Les mains de l'être s'entrouvrent un peu plus. Dans les doigts géants, des corps de lumière de guérisseurs sont venus recevoir une initiation. Le corps de l'être est constitué des corps de lumière des âmes qui servent. À tour de rôle, elles viennent dans ce corps et occupent différentes parties, selon les étapes ou les vies. Parfois les pieds, parfois les yeux et parfois d'autres parties du corps. Aujourd'hui, c'est le moment de l'unification des doigts de guérisseurs au coeur de l'être. La connexion des doigts au coeur. Les mains se séparent et tournent les paumes vers le coeur. Elles descendent lentement, doigts ouverts, car la lumière, si elles allaient trop vite, pourrait les brûler, les désintégrer. Les mains descendent sur le coeur. Les doigts se connectent dans les espaces-portes du coeur de l'être. Les mains sont sacrées. Les mains de guérison sont connectées au coeur de Dieu. Les mains de guérison apportent le coeur de Dieu partout... partout... partout dans l'univers, partout dans le monde, partout sur Terre.

Les mains reprennent leur position. Les doigts intègrent. Les 10 corps de lumière reviennent par le même chemin. Le disque d'or revient en passant par une vallée de l'Himalaya. C'est la nuit. Je décompresse. Je vois des petites lumières ici et là. Je passe au-dessus du désert de l'Arizona. Le soleil se lève ocre et rouge sur les rochers. Je reviens au Québec. J'enracine le tout. Je reviens doucement dans la pièce et je sens mon coeur plein d'amour qui bat au rythme du coeur d'amour de chacune des personnes qui m'entourent. Nous communions. Nos larmes sont sacrées.

- Ce qui me réjouis le plus, vous savez, dis-je avec une voix pâteuse, à peine revenue, c'est que dans quelques minutes, tous, sans exception, vous allez vivre une expérience tout aussi sacrée.

Je pleure de joie. Je prends conscience en cet instant, qu'en l'espace de six journées, chacun d'eux s'est abandonné à la Grâce Divine et a permis à son âme de retourner à son essence. Tous sans exceptions retrouvent la Voie du Passage, car elle est naturelle à leur âme. Je n'ai plus aucune hésitation. Je consacre ma vie à cet enseignement, car tel est le choix de mon âme. Je suis un pont entre l'Infini et le Fini. Je suis un canal entre le Ciel et la Terre. J'accueille, j'accepte, je suis. Nous sommes tous des ponts entre les plans si nous le choisissons.

Notre seule mission est d'assumer sur Terre notre divinité. Bienvenue sur Terre! Nous complétons le séminaire par une méditation de clôture que j'induis.

Les Maîtres du Passage sont avec nous. Cette fois, ils nous emmènent avec eux nous joindre à un autre groupe de maîtres, dans un lieu sacré du Mont Shasta, en Californie. Nous prenons place avec eux parmi les maîtres ascensionnés. Cette réunion est très haute en énergie. Nous ressentons la grâce d'être à deux endroits en même temps. Là-bas en Californie et ici, au Québec. Nous sommes UN. Il n'y a pas de séparation.

Quelques heures plus tard, au bureau de réception de l'Auberge du Manoir Hovey, je m'informe au préposé :

- Puis-je réserver une table pour 18 h 30?

- Certainement madame. Vous avez une chambre ici?

- Non.

- Alors vous êtes de Passage?

- C'est exact.

Vous êtes de Passage... Les mots dansent à l'intérieur de moi comme un refrain que l'on fredonne inlassablement sans s'en rendre compte.

En attendant le dîner, je m'assieds à la terrasse extérieure de l'Auberge, au milieu des jardins de fleurs qui tapissent le promontoire. La vue est imprenable. Dix-sept kilomètres d'eau qui se faufile entre les pieds des falaises arrondies et une envie irrésistible de marier la Paix du lac à ma Paix intérieure.

- Vous désirez un apéritif, madame? s'informe le jeune serveur qui me tire de ma contemplation.

- Avec plaisir. Un verre de champagne serait parfait.

- Vous avez une chambre ici?

- Non.

- Alors, vous êtes de Passage?

- C'est exact.

Je réponds en éclatant d'un rire joyeux qui le désarçonne visiblement. Je complète ma phrase en silence pour ne pas l'intimider :

- ET VOUS, N'ÊTES-VOUS PAS AUSSI DE PASSAGE SUR CETTE BONNE VIEILLE TERRE?

Les humains sont composés de la même matière que celle des étoiles[*].

Rencontre avec un Maître Ascensionné

Vous ascensionnerez vers le ciel, vous traverserez le firmament, vous vous associerez aux étoiles qui vous acclameront dans la Barque Sacrée. Vous courrez et ne vous fatiguerez jamais dans ce pays éternel[**].

e place spontanément la main droite sur mon coeur. Il se passe de drôles de choses dans ma poitrine. J'ai les larmes aux yeux et une émotion trop grande à contenir.

- Qu'est-ce qui se passe? me dis-je intérieurement.

Je suis pourtant venue ici pour une réunion d'affaires. Depuis que cet homme est arrivé, mes vibrations se sont élevées et je me sens décoller. Je ne suis plus enracinée. Il me semblerait plus approprié de prier ou de méditer que de lire l'ordre du jour.

- Sarah, voici Charles, notre agent... Il est également médium et canalise un maître ascensionné, s'empresse d'ajouter l'une des participantes qui le connaît.

Je comprends mieux maintenant mon émoi. Il porte la vibration de ce maître dans ses corps subtils et je ressens la compatibilité vibratoire. De plus, je sais pour l'avoir expérimenté que les maîtres du Passage et les maîtres ascensionnés sont UN. Il y a très longtemps que je ne me suis offert une rencontre individuelle avec un médium. Je n'ai aucune hésitation. Je prends rendez-vous.

J'arrive à son bureau un peu plus tôt. Je médite en attendant à l'extérieur. L'énergie est tellement forte que j'ai déjà commencé à sortir de mon corps lorsqu'il ouvre la porte.

---

[*]   *GEO*, op. cit.

[**]   *Livre des Morts*, op. cit.

- Zut! J'ai oublié les cassettes pour enregistrer la session, dis-je dès que je l'aperçois.

Je cours au dépanneur en acheter. L'oubli m'aide à m'enraciner. Heureusement, car il travaille sans directeur de transe et l'élévation vibratoire est tellement forte que je vais la recevoir en partie. Je constate chaque fois comme c'est difficile pour l'enveloppe physique des médiums, que les entités nomment le véhicule, la forme ou l'outil, de recevoir dans sa densité une énergie extérieure autre que l'âme. Celui-ci par exemple ressent des difficultés au niveau du coeur et du côté gauche, un peu comme un infarctus involontaire. Son visage devient cramoisi au cours de l'incorporation et son côté gauche est secoué de spasmes violents. Tous les médiums que j'ai connus vivent des transformations physiologiques importantes lors du développement du processus. Je ne peux m'empêcher de penser que je suis contente d'avoir choisi la canalisation sans incorporation. Évidemment ce n'est pas plus facile de canaliser le Soi, sa partie divine ou son âme, de se canaliser soi-même en quelque sorte...

Je me perds dans mes réflexions lorsque j'entends soudainement une voix rauque m'interpeller :

- Nous demandons nom et date de naissance au complet s'il-vous-plaît.

La transe se déroule avec rapidité. Il s'exprime avec un accent d'ancien français assez amusant à entendre au début. Je suis contente de retrouver le même plaisir que j'avais, comme journaliste durant les années '80, à interviewer des médiums en transe. Il débute par un monologue d'ouverture.

- Il n'y a pas de hasard à cette rencontre à ce moment précis de votre vie, où vous entrez dans une étape nouvelle, à la fin d'un cycle. Au cours des prochains 20 mois vous débutez cette grande transition pour assumer votre plan de vie dans le mouvement et l'action. Votre plan de vie qui est l'accompagnement des âmes. Il y a quelques semaines, vous avez senti dans votre vibration cette bascule, vous avez senti l'accélération dans votre quotidien. Vous êtes actuellement dans la phase préparatoire à capter les informations. Votre corps et vos corps deviennent canal, véhicule de transmission et les sources sont multiples. Les énergies qui vous accompagnent enseignent à travers vous. Votre âme et ses multiples vies vécues sur ce plan et sur les autres plans enseigne aussi à travers vous. Vous contactez les réminiscences de mémoires de vies, il y a 47 000 ans, où vous gravitiez dans un environnement hautement technologique, où les êtres avaient oublié leur âme...

... Sans rejeter ces énergies qui gravitent autour de vous, vous êtes maître et disciple de VOUS-MÊME, véhicule de cette universalité qui est en vous. La fusion entre l'universalité et l'individualité créent en vous le mouvement, la friction, l'expression, la créativité. Tout s'accélère, c'est la grande diffusion, l'euphorie. On vous demande d'être à la maîtrise de la fébrilité de cette diffusion car, par la suite, suivra une période saine de contrastes et de paradoxes. Vous n'aurez pas le temps de vous arrêter, car cette diffusion exigera de vous une grande organisation technique. Ce flux qui vous envahit est constitué de cellules de votre être qui éclatent et laissent émerger vos mémoires akashiques. Ces mémoires vous fournissent clairement ce qui doit être diffusé. Vous aurez à cesser de vous laisser aller dans le courant et vous aurez à faire des CHOIX. Vous vous impliquerez davantage vous-même dans VOTRE plan de vie. Vous êtes un véhicule d'enseignements des mondes subtils que vous avez connus précédemment...

... Vous êtes un récipient d'accueil d'informations et vous allez le conscientiser à travers vos cellules. Vous pourrez vous accorder, sans orgueil, la permission de diriger des êtres dans une démarche de retrouvailles avec leur essence, de ce qu'ils furent et de ce qu'ils sont. Le but de ceci étant l'action sur ce plan. Lorsque vous retrouverez votre essence de dirigeante au plus profond de votre vie, vous transcenderez vos hésitations à accepter ou refuser ce tempérament, cette personnalité, cette ESSENCE que vous êtes...

... Ouvrez les sentiers, assumez totalement votre rôle de dirigeante et d'organisatrice. Il n'y a pas de retraite pour vous. Ne pensez pas à vous retirer, regardant glisser ce long fleuve tranquille. En basculant dans votre plan de vie, vous serez beaucoup plus reliée à l'ACTION qu'à la détente. La coordination de votre envolée correspond à ce transfert de siècle. Ceci n'ira pas sans embûches dans votre environnement. Voilà pourquoi nous vous recommandons, à travers l'action, diligence et vigilance face aux aspects conventionnels de votre société. Soyez MOBILE intérieurement et extérieurement. Sachez composer avec votre enseignement et l'environnement pour diminuer l'intensité. Vous aurez par la suite à choisir de poursuivre ou non la canalisation en état d'ÉVEIL. Vous êtes maître de vous-même et de vos enseignements, mais vous pourrez choisir de canaliser en pleine conscience des entités énergétiques n'ayant pas vécu d'incarnation. Sur le plan terrestre, en ce moment, il y a des mouvements importants de haute technologie qui assouvissent les âmes et il y a des âmes qui se doivent d'oeuvrer vers une CONSCIENCE élargie. Vous êtes l'une de ces âmes parmi de nombreuses autres...

... Reconnaissez les énergies qui passent à travers vous, mais vous n'avez pas à vous identifier autrement que par vous-même et par votre vie. La BASCULE qui se prépare pour vous est reliée à l'acceptation de cette réelle identification de votre être, quelles que soient ses sources. Le noyau de cette bascule est contenu dans les mémoires des multiples incarnations de VOTRE âme. Laissez libre cours, laissez-vous NAGER totalement dans ce qui revient. Vous n'êtes pas qu'un véhicule dans lequel s'imprègne l'énergie. L'énergie est déjà imprégnée en vous. Vous vivez et vous vibrez. Vous êtes dirigeante et non véhicule de dirigeante. Vous êtes un être d'eau et de fluidité qui peut ressentir davantage que percevoir.

- J'ai justement un lien très profond avec les dauphins...

- Vous êtes un être de vibration eau, vous RESSENTEZ. Le dauphin agit exactement sur la même onde vibratoire, il ressent l'être humain. Il reçoit l'énergie électromagnétique à travers tout son être. Vous avez cette même affinité, un mode de fonctionnement similaire. Comme lui, qui se sert de l'eau pour ressentir à distance, vous ressentez les êtres à distance... Nous recevons une information... une île vous attend en Asie... une terre montagneuse volcanique, entourée d'eau, dans la région de l'Indonésie... vous y ferez votre chantier, votre atelier, six mois par année...

- Que dire du prochain voyage en Inde du Sud?

- C'est une rencontre paisible avec vous-même qui s'établit. Ce lieu provocant à l'extérieur vous fait constater la PAIX qui s'installe à l'intérieur de vous. C'est une grande rencontre avec vous-même, une libération de tensions, d'émotions, un déconditionnement de soi-même. C'est le but réel du voyage. C'est une retrouvaille, le chant du cygne...

- Ces énergies, ces êtres de qui je reçois des enseignements en plus de ceux de mon âme, pouvez-vous m'en parler?

- Vous oeuvrez beaucoup avec des maîtres qui ont vécu en Europe de l'Est, qui ne s'appelait pas Europe de l'est à cette époque. Vous travaillez également à travers le Passage, avec Élie le prophète, Jésus le prophète, Pierre l'apôtre, prophète et enseignant et Michaël, un prophète qui n'a pas été connu. Vous avez identifié ce dernier sous une source de lumière bleue. L'enseignement de ces maîtres oeuvre à travers les cellules universelles. Lorsqu'un être accueille ces enseignements il peut les livrer. L'important est le BUT et non la source des enseignements.

- Parlez-moi des maîtres ascensionnés...

- Les maîtres ascensionnés ne se présentent jamais comme une entité avec une individualité. Ils se présentent avec votre personnalité et votre individualité.

- L'Exploration du Passage de la mort à la Vie Consciente est-elle une VOIE d'ascension?

- C'en est une bien sûr. Cette Voie participe à l'ouverture de la conscience. Cette ouverture de la conscience, certains l'appellent Illumination, d'autres Ascension. C'est ce maître à penser, ce JE SUIS véritable, cette partie divine de l'être qui est sa partie universelle. Elle amène l'individu à communier dans l'universalité sans nécessairement éliminer son individualité. Le mouvement entre l'universalité et l'individualité crée une friction que nous appelons AMOUR ou énergie électromagnétique, c'est la même chose. L'être incarné est simplement une manifestation débordante d'individualité. L'ouverture de conscience l'amène à ouvrir vers l'universalité sans perdre son individualité. En ce sens, la Voie de la Mort consciente contribue à l'ouvrir vers cet état christique, cet état divin, cet état universel. Cette Voie est une voie d'Ascension et d'Illumination.

- Est-ce une croyance que le corps physique se doit d'ascensionner?

- Le corps physique peut ascensionner, il ne DOIT pas ascensionner. Des maîtres de cette époque ont quitté leur corps délibérément à travers les maladies comme le cancer. Leur âme a ascensionné. L'individualité a vécu la souffrance. Ce n'est pas une obligation d'ascensionner sans la souffrance. Le corps est un véhicule et le maître qui communie avec son universalité est en maîtrise de son individualité. Il fera de son corps ce qu'il veut bien, le but n'étant que l'enseignement. Lorsque l'être communie dans l'universalité, il n'a d'autre but que l'enseignement. C'est l'Amour, si vous voulez, c'est la FRICTION, c'est l'énergie électromagnétique, c'est la même chose.

- Pouvez-vous élaborer sur la canalisation?

- Vous avez le choix de canaliser de façon consciente, en état d'éveil. Déjà vous recevez des pulsions au niveau de la nuque et du COEUR. Vous expérimentez parfois l'arythmie cardiaque. Lorsque la pulsion se présente au niveau cardiaque, vous avez le choix de la recevoir.

- Est-ce la continuité du processus de médiumnité que j'ai expérimenté en 1989?

- Non. On parle plutôt ici d'une énergie très YANG dans sa démarche, dans son action, dans ce qu'elle véhicule à travers vous. Ceci sème en vous un paradoxe important, car il vous est demandé d'oeuvrer avec la vibration très YIN que vous êtes dans cette incarnation. Vous avez une présence très Yang en vous et on vous demande d'exploser votre présence Yin. Pour vous c'est un travail. La dirigeante que vous êtes a plus de facilité à être Yang. Il y a aussi autour de vous des énergies d'un autre niveau de conscience, incarnées sur un plan plus subtil que la Terre.

- Quel est le sens de leur présence?

- Ce sont des compagnons d'âme d'une autre dimension avec lesquels vous oeuvrez sur ce plan. Sachez que votre émanation est tout aussi perçue et aidante de leur part que la leur l'est pour vous. Vous vous aidez mutuellement. Ces présences seront de plus en plus manifestes en vous lorsque vous serez dans cet univers asiatique indonésien. Vous serez alors dans un espace de réceptivité, dans un canal de réceptivité beaucoup plus facile. C'est pourquoi il semblerait que vous développiez le goût de vous y installer par la suite.

- Pourquoi dites-vous que les mémoires se logent dans le hara?

- L'essence de l'être, le Je Suis véritable, l'élan véritable, se loge dans les tripes. Le maître à penser est dans le HARA. C'est dans le ventre que le goût réel, la pulsion de vie et de création se situe. Dans le deuxième centre sont localisés les organes génitaux, les centres de procréation, de transformation, les expressions de la création. Ces pulsions de création sont reliées aux mémoires qui les conditionnent et demandent à être libérées.

Vous êtes à vivre un Passage en ce moment. Pour soutenir ce Passage, cette ouverture de votre conscience, honorez votre corps pour qu'il puisse supporter l'élévation vibratoire. Vous canalisez également par le SANG. Il est capital de vous oxygéner et de vivre près de la terre et des montagnes. Escaladez souvent ces montagnes pour activer votre coeur. Votre âme a choisi la densité. Elle a choisi cette Terre. Cette Terre comporte le véhicule du corps. Honorez ce temple sacré.

Nous vous suggérons les couleurs vibratoires provocantes orangé et fuschia teinté de vert pour aider vos systèmes circulatoires.

Nous quittons.

Le médium revient presque aussi brusquement qu'il a quitté. Son côté gauche est secoué de spasmes, particulièrement dans le bras gauche. Son visage reprend tranquillement son expression humaine. L'énergie danse tel un tourbillon dans la pièce. Je ne me souviens pas des mots que nous échangeons. Nous sortons. Je m'enfile dans mon auto. Il s'enfile à toute vitesse dans un taxi. Je réalise que je n'ai pas pensé à lui offrir de le déposer au centre-ville.

- Où suis-je? Dans l'universalité?

Mon individualité constate qu'il fait plein soleil, que mon ego en prend un coup, que mon âme a besoin de lest et que mon corps est affamé.

En effet, je suis celui qui habite dans le soleil, je suis un esprit qui s'est mis au monde et fut créé à partir du corps de Dieu, qui prit vie de la racine de son oeil.*

e survole l'Amérique du Nord. Mon corps fluide m'amène au-dessus des déserts du sud-ouest des États-Unis. Je plonge dans le désert. C'est la nuit. La Terre est craquelée de sel et de pierres. C'est la désolation. Une voix m'informe :

- Voici La Forêt Pétrifiée.

Un feu attire mon attention. Il n'y a pas de bois, que des cristaux et des pierres qui l'alimentent. Je m'assieds et contemple la voûte étoilée. Certaines étoiles touchent l'horizon. Trois chamans s'approchent et prennent place avec moi autour du feu. Je les reconnais. Ce sont des guerriers chamans au grand coeur. Je les salue en disant :

- Je suis très honorée, très touchée de votre présence.

Soudain, ils se lèvent et commencent une danse scandée de chants et de rythmes de tam-tams autour du feu.

- Ho... Ho... Ho... Ho...

Nous sommes encerclés d'ombres. Des milliers d'ombres autour de nous. Je reconnais ma vieille amie sous ses multiples formes. Les chamans m'enseignent à prendre le feu dans mes mains et à l'amener au centre du coeur en regardant les étoiles. À ma droite, le chaman-chacal, l'exorciste, celui qui voit dans le noir, lance le feu du coeur par la bouche. Au centre, devant moi, le chaman-aigle, le visionnaire, celui qui réunit le très haut et le très bas, lance le feu du coeur par le troisième oeil. À ma gauche, le chaman-buffalo, le sage, celui qui nourrit avec générosité, force, abondance et sagesse, lance le feu par le coeur.

---

* *Livre des Morts,* op. cit.

Je suis initiée au feu des chamans guerriers au grand coeur. Je prends le temps d'intégrer le feu en regardant les étoiles. Je m'élève doucement au-dessus du désert. Le jour se lève avec son soleil rouge orangé sur les rochers ocre. Je monte plus haut. Je vois les troupeaux de buffalos qui courent sur la terre d'Amérique en soulevant la poussière. Je vois les sites sacrés de la terre généreuse, les clans nomades et sédentaires, les canots faits de peaux tannées qui glissent sur les rivières saumonées. J'entends les rituels aux peuples du ciel, des oiseaux et des forêts. Les chants d'amour et les tam-tams battent au rythme du coeur de la Terre-Mère.

Tout est Sacré. Tout est Sacré. La vision s'estompe.

Je reviens doucement au-dessus du Québec. Je me laisse glisser au-dessus du fleuve Saint-Laurent. Je salue les dauphins, les bélugas et les baleines au passage. Je reviens dans le salon de cette magnifique maison qui m'est prêtée. Je réintègre mon corps. Je me sens énergisée, pleine de feu et de vie.

- C'est la première fois que je me rends dans un espace de l'Au-delà, ici-bas. C'est extraordinaire. Je crois qu'un nouveau cycle de Vie Consciente vient de débuter ce matin. Un cycle de la Terre Sacrée, dis-je tout excitée.

J'ai peine à croire ce qui vient de se passer. Depuis trois ans je visite l'Au-delà et voici que ce matin, sans me prévenir, mon âme me propulse sur Terre, en plein désert. Je me sens enracinée comme jamais. Je ressens la vie de mon corps. J'ai très faim. Le jeûne matinal est parfait pour mon âme, mais l'enveloppe a besoin de nourriture.

- *WOW!* Je suis survoltée!

Ainsi s'achève le huitième séminaire du Passage de la mort à la Vie Consciente. La première bonne nouvelle c'est que j'ai très envie de la Terre et que je choisis en toute conscience d'y faire ce Passage... incarnée. Le seconde bonne nouvelle c'est que l'Exploration du Passage de la mort à la Vie Consciente est accessible à tous sans exceptions. C'est un processus naturel et connu qui permet à l'âme de respirer et d'oxygéner son incarnation.

LES SAVANTS VONT DEVOIR REFAIRE LEURS CALCULS POUR COMPRENDRE COMMENT ILS ONT PU VOIR DES ÉTOILES THÉORIQUEMENT PLUS VIEILLES QUE LE BIG BANG... 95% DE LA SUBSTANCE DE L'UNIVERS EST COMPOSÉ DE QUELQUE CHOSE DE TOTALEMENT INCONNU ET MYSTÉRIEUX... UNE RÉVOLUTION SCIENTIFIQUE ET SPIRITUELLE EST EN MARCHE. POUR LA PREMIÈRE FOIS, ON CONFÈRE À LA COSMOLOGIE LE MÊME STATUT QUE LES AUTRES DISCIPLINES DE LA PHYSIQUE. L'UNIVERS EST DEVENU LE PLUS GRAND LABORATOIRE DU MONDE[*].

ÉPILOGUE

Eux qui sont dans le sein, eux aussi tournent leurs visages vers vous, à jamais dans le Pays Bien-aimé. Ils viennent tous vers vous, les grands comme les petits. Puisse-t-il permettre un aller-retour dans le Domaine des Dieux sans obstacles au Portail[**].

e chauffeur de taxi me dépose au terminal 2-A de l'aéroport Roissy-Charles-de-Gaule. Je ne sais pas ce qui m'arrive, nous n'avons cessé de parler de toute la randonnée! Je me sens légère et joyeuse. Comme d'habitude, l'aéroport est rempli à craquer. Les Africains circulent parmi les Japonais qui n'en finissent plus de pousser leurs innombrables, luxueuses valises entre les Ceylanais qui font la queue au comptoir d'Air India et les Australiens à celui de Cathay Pacific. Je me sens chez moi ici. Inconnue et à l'aise parmi les peuples de la Terre.

Nous appartenons tous à ce grand village international qui finira bien par ne plus avoir de frontières... Je me sens totalement dans mon essence sans avoir d'idée précise et figée sur mon identité extérieure.

---

*   *GEO,* op. cit.

**   *Livre des Morts,* op. cit.

Je suis noire parmi les noirs, jaune chez les jaunes, rouge chez les rouges... et bleue chez les bleus.

Je laisse mon regard flotter par la fenêtre du bistro cosmopolite, en sirotant un expresso bien tassé. Je contemple l'élégant Concorde qui recule doucement pour se rendre sur la piste de décollage. Le grand faucon blanc au nez effilé atterrira à New-York en moins de trois heures. Et ce n'est que le début! Bientôt, du départ à l'arrivée, nous aurons juste le temps de cligner de l'oeil et de sourire à notre voisin. La haute technologie est sur le point, à force de recherches et d'expérimentations, d'accéder extérieurement à ce que nous contactons en méditation depuis des millénaires en fermant les yeux...

Les scientifiques bientôt sauront nous convaincre, de façon concrète et visible, que l'univers macroscopique et l'univers microscopique sont identiques; que notre conscience peut se rendre au-delà du Big Bang des confins de l'univers; que nous pouvons être partout à la fois en même temps et avoir accès instantanément à toute la connaissance du monde; que le temps n'existe pas, qu'au même moment des êtres intergalactiques peuvent côtoyer des hommes des cavernes; que l'espace infini est rempli de dimensions bien réelles dans lesquelles nous pouvons voyager sans bouger.

Je ne peux m'empêcher de sourire en pensant aux économies de temps et d'argent que les humains auraient réalisées s'ils avaient choisi plus souvent de s'arrêter, de s'installer confortablement au sol ou dans un fauteuil, de fermer les yeux, de se tenir tranquilles et de SE rencontrer. Je sors de ma rêverie pour entrer dans une autre réalité. À ma droite, un jeune couple vient de s'installer avec leur bébé. Le père semble d'origine sud-américaine; la mère a l'allure d'une asiatique. L'enfant est l'heureux mariage des amalgames de races. Une beauté éblouissante.

L'enfant me regarde. Nos yeux se croisent et se retiennent. Il me regarde comme seuls les petits savent le faire. Son âme vient d'atterrir sur Terre. Nous nous reconnaissons. Il a suivi le fil de mes pensées et il comprend tout. Ses yeux lumineux sont si grands dans son petit visage. Il est un parmi tant d'autres petits dont je croise le regard depuis quelque temps. Je les reconnais tous. Ils savent voir à travers et au-delà de nos enveloppes. Ils viennent tout juste de débarquer et sont encore si près du Passage. Ils respirent la Chaleur vibrante, la Lumière, la Joie Pure. Nous avons tant à apprendre d'eux sur le Passage. Il suffit de les écouter.

Mon coeur se remplit dans son regard. La Joie circule dans mes cellules. Je me lève pour me rendre vers la salle d'attente. En passant, je me penche vers le petit qui n'a de petit que son enveloppe.

- Bienvenue sur Terre, chère âme! lui dis-je avec tendresse.

Il me sourit. Je lui souris. Nous nous comprenons.

Le vol me semble court. Pas un nuage. Le soleil caresse la terre du Québec. À l'aéroport de Mirabel, le douanier estampille mon passeport. Il ne peut s'empêcher de me sourire en observant mon visage pour vérifier la photo.

- Bienvenue chez vous! lance-t-il en riant.

NOTE AU LECTEUR :

Le terme « Maîtres du Passage » n'est pas limitatif. Il fait référence à un regroupement de guides qui accompagnent les âmes dans le Passage de l'Incarnation ou de la Mort.

Au cours des séminaires en Exploration du Passage de la mort à la Vie consciente, certains de ces maîtres ont déjà été identifiés par plusieurs participants : Christ, Bouddha, Usui, Gurumayi, Baba Muktananda, Sri Saï Baba, Babaji, Ma Ananda Mayi, Michaël Aïvanhov, Marie mère de Jésus, plusieurs maîtres spirituels de différentes cultures, plusieurs maîtres ascensionnés, des prophètes, certains archanges, certains anges, les guides individuels, des âmes de personnes décédées, des guides intergalactiques, des archétypes mythologiques, des animaux chamaniques tels l'aigle, le dauphin blanc, le dragon et le phénix.

Il y a un ou des Maîtres du Passage pour chacun de nous... À nous de les reconnaître. les identifier et explorer le Passage avec eux...

CONCLUSION

*Puisse mon âme aller de l'avant et voyager vers tous
les lieux qu'elle désire*.

- **Q**uand amènes-tu ton manuscrit? demande Marc abruptement, dès mon arrivée.

- D'ici la fin du mois, avant d'aller donner mon prochain séminaire en République Dominicaine.

Je me demande pourquoi il semble aussi pressé. Mais je suis habituée à lui, je ne pose pas trop de questions. Depuis 10 ans il me connaît mieux que personne, pour avoir fait assidûment ma carte du ciel et ma révolution solaire annuellement. Je digère encore la première session, en 1987, au cours de laquelle il m'avait annoncé le plus simplement du monde :

- Ton plan de vie professionnel est un classeur à trois tiroirs : le tiroir du bas est l'enseignante; le tiroir du milieu est l'éditrice; et le tiroir supérieur est l'écrivain.

De plus, je sais qu'il voit bien au-delà des lignes planétaires tracées à l'ordinateur.

- Il faut que tu publies ton bouquin en octobre pour ton anniversaire. Mais il faut aussi que tu prépares le prochain rapidement. Les gens en auront besoin. Tu es un peu en retard sur ton plan de vie, mais ça va.

Il faut... quelqu'un d'autre m'adresserait la parole de façon aussi directive que je l'enverrais promener. Mais j'ai été témoin tellement de fois des effets bénéfiques de ses visions chamaniques... Derrière ses airs de fausse naïveté espiègle, l'alchimiste en lui se porte bien et continue à aider, sans attentes, ceux qui lui sont envoyés à s'accoucher d'eux-mêmes. À mon départ, lorsque je quitte son bureau, je me sens «être un peu plus» pour utiliser sa propre expression. Il a le don de transmettre chaque fois, par osmose, le renouvellement de la vie. Comme le phénix qui renaît de ses cendres. Mine de rien, sous prétexte de prendre son courrier dans sa boîte aux lettres extérieure, il plonge son regard bleu sans âge dans le mien en disant nonchalamment :

---

*   *Livre des Morts,* op. cit.

- Ton prochain livre, tu pourrais l'intituler le Livre des Morts Occidental...

Il éclate de rire comme un sorcier fier de son coup. Il me tourne le dos et glisse, plutôt qu'il ne marche, sur le plancher de bois verni.

- Est-il réel? Est-ce mon imagination qui crée cet être?

Il se retourne et, du fond du couloir, me lance pour me provoquer :

- Que dirais-tu d'un stage sur le chamanisme au début de septembre?

Je ne lui réponds pas et lui tourne le dos à mon tour. Je vis justement une période où j'en ai assez de me nourrir de l'extérieur. L'écriture du livre, de mai à juillet, m'a projetée, sans crier gare, dans la reprise de mon pouvoir personnel. J'ai envie de me sevrer et de me nourrir de mon énergie intérieure.

La nuit fraîche de la campagne m'appelle à la contemplation. D'ici, la vue est imprenable. J'admire les têtes chevelues caressées par le vent, des érables, des bouleaux, des pins géants qui couronnent cette propriété. Que de sagesse! Que de protection! Je me sens privilégiée d'être avec eux. Le ciel s'offre sans résistance à mon regard.

- Vous tous, là-haut, dis-je aux étoiles, je vous en prie, aidez-moi à poursuivre.

Je me sens tellement seule parfois... Je tourne la tête vers le nord-ouest. Un nuage gigantesque, aussi blanc que les étoiles, vient de faire son apparition. Il est multiformes. À la fois archange, vaisseau, dragon blanc, phénix et aigle, il déploie ses ailes et passe au-dessus de la maison en me regardant. Je reçois et remercie. Je m'endors dans les bras du silence, le coeur en paix. Je chuchote à mon âme :

- Bon Voyage!

Je la regarde s'endormir, comme toujours, en une fraction de seconde. Que de tendresse et d'amour j'éprouve pour mon véhicule terrestre! Et il me le rend bien!

Je survole l'Arizona, la Vallée de la Mort, L'Ile de Pâques, Bali, l'Australie, Manille, Hawaii, le Sri Lanka, l'Inde du Sud, l'Himalaya, le désert de Gobi, l'Islande...

Je file en ligne droite au-delà de l'Au-delà...

Je trace pour elle un chemin de lumière. Je prépare sa route...

QU'EST-CE QUE L'EXPLORATION DU PASSAGE DE LA MORT À LA VIE CONSCIENTE?

QUESTIONS ET RÉPONSES

1.   Qu'est-ce que l'Exploration du Passage de la mort à la Vie Consciente?

C'est une approche thérapeutique et spirituelle qui aide l'individu à faire la paix en lui en se libérant de ses attachements, de ses ressentiments, de ses aversions, de ses croyances limitatives, de ses peurs. Elle lui permet de démystifier la Vie sur Terre en re-choisissant son incarnation et de démystifier l'Après-vie en se préparant au Passage.

2.   Comment peut-on l'expérimenter?

Il s'agit d'une série d'explorations guidées par un intervenant Passeur de Terre. Ces explorations sont vécues au cours de sessions d'une durée de 1 h 15 environ chacune. Il faut à peu près une dizaine de sessions pour compléter un cycle exploratoire. L'individu peut choisir, s'il le désire, de vivre quelques cycles exploratoires.

3.   Comment se déroule une session?

L'individu est allongé confortablement. Ses yeux sont fermés. Il est tout d'abord guidé dans une détente en profondeur. Il est ensuite amené à visiter, au cours des sessions successives, différents espaces intérieurs tels l'espace des attachements, des ressentiments, du miroir, entre autres, afin d'y accomplir une action sur les zones qui ont besoin de transformation. Il visitera également l'intérieur de ses chakra et de ses organes. Puis il est invité à voyager, en compagnie de l'intervenant Passeur de Terre, dans les espaces infinis de l'Au-delà appelés aussi plans de Conscience. Voilà pourquoi il faut au moins une dizaine de sessions.

4. **Dans l'Exploration du Passage de la mort à la Vie Consciente, pourquoi le mot «mort» fait-il peur?**

Parce qu'il faut bien souvent mourir pour vivre... Parce que la mort suppose l'inconnu... Nous pouvons utiliser le terme Passage Conscient... ou Voyages initiatiques dans l'Au-delà... ou Voyages dans les plans de Lumière... ou Explorations des Plans de Conscience... ou Explorations des états altérés de conscience, comme durant les années '70... La réalité est qu'il s'agit d'un processus pour démystifier la mort et se préparer au Passage. Il se fait une sélection naturelle grâce au terme mort Consciente. Seuls ceux qui sont vraiment prêts à rencontrer leur peur de la Mort (qui est en réalité leur peur de la Vie) et à se préparer au Passage se présentent. L'âme et non le mental ou la personnalité pousse l'être vers cette exploration naturelle.

5. **Y a-t-il un danger à cette exploration?**

Oui, il y a un danger sérieux : devenir autonome et assumer totalement son incarnation... L'âme, lorsqu'elle retrouve sa véritable nature, son essence, sa lumière, sa famille, devient euphorique car elle se souvient qu'elle a CHOISI de s'incarner sur Terre pour y accomplir sa mission. L'approche EST thérapeutique. C'est une approche dite nouvelle qui fut pourtant pratiquée par toutes les civilisations anciennes. Elle sera considérée comme un outil naturel, simple, efficace et adapté aux besoins du XXIe siècle... D'ici là, il faut avoir l'essence des pionniers pour poursuivre. D'autres avant nous l'ont fait dans leurs domaines respectifs : Galilée, Léonard de Vinci, Jung, Einstein, Buckminster Fuller... et bien d'autres. Comme le disait si bien une préposée chez Air Canada rencontrée récemment : «Il faut savoir récompenser ceux qui ont de l'audace». Il faut aussi et surtout se rappeler que depuis fort longtemps, des forces intérieures et extérieures à nous se sont toujours opposées à l'évolution de la Terre, à l'autonomie et à la liberté des êtres qui l'habitent. Ces forces sont particulièrement actives à l'heure actuelle. Il est important de rester centrer, de faire des choix clairs et d'agir en fonction de ces choix. L'Exploration du Passage de la mort à la Vie Consciente rend l'être autonome et libre et par le fait même peut devenir une menace pour ceux qui ne le sont pas ou pour ceux qui maintiennent un système établi sur l'hypnose collective.

6.   Qui peut faire ces explorations de l'Au-delà?

Toutes les personnes qui en ressentent profondément l'appel et qui sont équilibrées psychiquement. Toutes les personnes qui ont la capacité de faire taire les voix extérieures et d'écouter LEUR voix intérieure. L'Exploration de l'Au-delà n'est pas réservée qu'aux initiés, aux médiums, aux gurus ou aux saints... Nous sommes tous initiés, médiums, gurus ou saints car nous avons tous accès à notre Moi Supérieur, notre Soi divin... Nous sommes tous maîtres et disciples de nous-mêmes...

7.   Quelle est la différence entre le processus du Passage de la mort à la Vie Consciente et la Régression dans les vies dites antérieures?

Il faut d'abord se rappeler qu'il n'y a pas de temps et que toutes les vies sont synchroniques. Durant les régressions, le corps astral de l'individu voyage dans le plan astral pour y accomplir un travail de guérison spécifique sur les mémoires karmiques. Durant le Passage Conscient, le corps de lumière, véhicule de l'âme, traverse tous les plans (éthérique, émotionnel, mental, astral, supra-astral, céleste, lumineux) et voyage dans les plans de lumière et de conscience, et au-delà de ces plans. La régression permet la guérison des mémoires karmiques de l'âme, concentrées dans le plan astral. Le Passage conscient permet l'exploration et s'il y a lieu, la guérison de tous les plans énumérés ci-haut. Les explorations permettent de démystifier l'inconnu et la médiumnité et d'interagir avec ces dimensions dites de l'Au-delà. La Régression a des affinités avec Le Passage Conscient lorsque le thème concerne la ré-appropriation des capacités et des connaissances des plans élevés de la conscience.

8.   Y a-t-il des liens entre la préparation consciente au Passage pour les occidentaux et la préparation au Passage selon les Tibétains?

Oui. En résumé, dans le livre de S. Rinpoché, *Le Livre Tibétain de la Vie et de la Mort*, l'approche tibétaine se déroule en cinq points :

.   La pratique de la méditation;
.   Le détachement;
.   La libération des aversions et des ressentiments;
.   La purification des chakra et du canal énergétique;
.   Le transfert de sa conscience individuelle dans la conscience de sa divinité.

Évidemment, leur pratique est une longue discipline qui dure toute une vie et commence dès l'enfance... ce qui n'est pas encore le cas en Occident... ceci viendra cependant et fait partie des objectifs de Samsarah International... L'Exploration du Passage conscient à l'Occidentale reprend les cinq points de l'approche tibétaine et les regroupe en deux étapes : les espaces de purifications terrestres et les espaces d'explorations célestes avec, bien entendu, l'intention d'intégrer et d'enraciner ces derniers sur Terre.

Cependant, le nombre d'espaces terrestres et d'espaces célestes est infini et illimité en Occident, alors que dans les enseignements traditionnels tibétains ou égyptiens par exemple, le nombre d'étapes est limité et défini.

9. Quelles dimensions de notre être vivent les explorations du Passage conscient?

Toutes les dimensions collaborent et bénéficient de ces explorations. L'âme qui se retrouve dans sa véritable essence re-connecte avec son choix d'incarnation et, par le fait même se guérit. La personnalité ou ego se désintoxique et s'épure par les détachements et les libérations des ressentiments. Le corps s'élève en vibrations et libère ses cellules des densités indésirables. Il s'installe ainsi dans l'être une plus grande harmonie et un meilleur dialogue entre ses différents aspects.

10. Qui a-t-il dans l'exploration du Passage Conscient que l'on peut adapter au quotidien?

Tout. On peut tout adapter au quotidien, car Tout ce qui est en haut est comme tout ce qui est en bas. Il faut se rappeler que l'on ne s'élève pas plus haut dans les plans de conscience que ce que l'on a clarifié ici-bas. Ainsi, les premières étapes de l'Exploration du Passage sont des étapes terrestres au cours desquelles l'individu rencontre ses propres espaces d'attachements et de ressentiments envers lui-même et envers les autres et agit sur eux. Ceci ne peut qu'avoir un effet bénéfique sur son quotidien et sur ceux avec qui il le partage. Ce travail amène le lâcher prise, la fluidité, la souplesse, la libération des vieux conflits, l'accueil et l'amour de l'autre et de soi-même sans jugements, sans attentes, sans conditions. Par le fait même il facilite la libération de l'attraction terrestre et permet l'élévation vibratoire nécessaire à l'exploration des plans de conscience dits de l'Au-delà.

Les secondes étapes de l'Exploration du Passage sont des voyages initiatiques dans les plans de Lumière. L'être y reçoit des enseignements, des informations, des rituels, des guérisons de l'âme, des initiations et y rencontre des guides, des êtres interdimensionnels, des espaces de lumière ou de non-lumière, d'amour et de non-amour et ainsi apprend à découvrir l'univers infini de sa supra-conscience, de sa conscience, de son inconscient, de sa psyché entre autres. Telle est l'Exploration du Passage, telles sont les étapes de l'Après-Vie qui est la Vie. L'essentiel est que l'attraction de l'Au-delà ne soit pas une aventure de voyeurisme cosmique, un jeu intergalactique qui déconnecte l'individu de sa réalité terrestre comme le chant des sirènes avait distrait Ulysse de sa véritable quête. Car le but de ces voyages intérieurs, est de ramener ces expériences d'expansion de la Conscience, de Lumière et d'Amour ici-même sur Terre. Voilà pourquoi il est important, lorsque l'expérience est contactée, que l'individu l'intègre en profondeur dans les cellules de son corps de lumière, puis dans les cellules de son corps physique.

L'Exploration du Passage de la mort à la Vie Consciente devient donc l'un des nombreux moyens de transformer le monde en se transformant soi-même, d'élever le niveau de conscience de la planète et de l'amener vers la supra-conscience en élevant son propre niveau de conscience. Mais l'Exploration du Passage est avant tout et surtout une profonde et irréversible ouverture du chakra du coeur, une ouverture à l'Amour tel que peu d'entre nous le connaissons sur Terre, l'Amour universel, l'Amour infini, l'Amour sans conditions. Et cet Amour Divin il faut y avoir goûté pour pouvoir en témoigner, le porter, le transmettre, le véhiculer, l'incarner sur Terre.

NOTE AU LECTEUR :

Vous pouvez communiquer vos questions à l'adresse suivante :

Sarah Diane Pomerleau
Samsarah International Inc.
C.P. 312
Saint-Jean-sur-Richelieu, (Québec)
Canada J3B 6Z5
Tél. : (514) 358-5530

L'AUTEURE

Native du Québec et résidente de la Terre, **Sarah Diane Pomerleau** est écrivain, éditrice, journaliste et psychothérapeute. Elle est diplômée de l'Université de Montréal en Éducation (M.Éd.).

De fort nombreuses années d'expertise et de recherche, dans le domaine de l'inconscient et de la psychothérapie lui ont permis de créer une approche originale qui allie l'inconscient et l'intuition, la guérison, l'instinct et la spiritualité : l'**Exploration du Passage de la mort à la Vie consciente.**

Elle est fondatrice de Samsarah International Inc., un centre de recherches et d'enseignements qui offre des séminaires de formation pour intervenants en Exploration du Passage de la mort à la Vie consciente. Ces séminaires comprennent un enseignement holistique, théorique et pratique, permettant aux intervenants Passeurs de Terre d'accompagner les êtres à explorer le Passage. Ils sont le plus souvent possible jumelés à la rencontre et/ou à la nage avec les Dauphins en liberté. Le Centre dispense également des formations en Interprétation des Rêves et des ateliers sur l'utilisation des Énergies Runiques pour le développement du Pouvoir personnel. Sarah Diane est membre de la Société Américaine des Radiesthésistes, de l'Association Américaine pour l'étude des Rêves et de l'Association Américaine pour l'étude de l'Imagerie Mentale.

LIVRES DÉJÀ PARUS :

. *Ces voix qui me parlent*, Marie Lise Labonté, 1993

. *Rencontre avec les Anges*, Les Anges Xedah, 1994
(livres et cassettes audio)

. *La médiumnité, cette terre inconnue*, Marie Lise
Labonté, Francis Hosein, Sarah Diane Pomerleau,
1994

. *La guérison spirituelle angélique*, Ninon Prévost,
Marie Lise Labonté, 1995

Nos publications sont disponibles dans toutes les librairies par les réseaux de distribution suivants :

AU QUÉBEC:

Québec Livres
2185, Autoroute des Laurentides
Laval (Québec)
Canada H7S 1Z6
Tél. : (514)-687-1210
Fax : (514)-687-1331

Raffin Diffusion
M. Pierre Saint-Martin
7870, Fleuricourt
Saint-Léonard (Québec)
Canada H1R 2L3
Tél. : (514)-325-5555
Fax : (514)-325-7329

EN EUROPE:

Éditions Gnostiques
M. Victor Peralta
8, rue Pache
75011 Paris
Tél. : (1) 43.73.91.44
Fax : (1) 43.73.91.45

Diffusion Transat SA
Route des Jeunes 4 Ter
C.P. 1210
1211 Genève 26
Tél. : 022.342.7740
Fax : 022.343.4646

Le calendrier des formations en Exploration du Passage de la mort à la Vie Consciente, en Interprétation des Rêves et en utilisation des Énergies runiques, est disponible sur demande à l'adresse indiquée. Le dépliant est disponible sur demande.

Certains séminaires sont jumelés à la rencontre ou à la nage avec les Dauphins en liberté, en Crète, à Hawaï, en Israël, aux Bahamas, en Australie, à Bali et ailleurs.

Les Formations se tiennent dans des lieux hauts en énergie, tels les Caraïbes, le Nouveau-Mexique, l'Islande, l'Écosse, l'Égypte, l'Île de Pâques, le Sri Lanka, le Yucatan, le Tibet, et ainsi de suite.

Les séminaires peuvent être offerts dans votre localité, sur demande, pour un minimum de 6 personnes. Ils sont offerts dans toutes les langues avec interprète. Veuillez contacter les organisateurs de votre région, en vous adressant à Sarah Diane Pomerleau.

Des conférences publiques sur l'Exploration du Passage de la mort à la Vie consciente ont lieu régulièrement en Europe et en Amérique.

Vous pouvez obtenir notre catalogue de publications ou le nom d'un intervenant Passeur de Terre, diplômé par Samsarah International Inc., le plus près de chez vous, en vous adressant à :

Sarah Diane Pomerleau
C.P. 312, St-Jean-sur-Richelieu,
(Québec) Canada, J3B 6Z5
Fax (514) 359-1165 ou Tél. : (514) 358-5530

LES DAUPHINS... LES ANGES DE LA MER

Rencontrer les Dauphins est une expérience comparable à l'Amour, une sorte d'euphorie divine. Au contact des Anges de la Mer, notre âme prend de l'expansion et se souvient de son essence divine qui n'est que Pure Joie. Les Dauphins en liberté viennent à notre rencontre dans une atmosphère d'acceptation totale et d'Amour inconditionnel. Lorsque nos yeux croisent les leurs, il se produit un effet magique de reconnaissance absolue. Au fond de ce regard, nous retrouvons le miroir de qui nous sommes vraiment, car ils ont cette capacité innée de nous ramener à notre centre, à notre vérité profonde.

En communiquant avec eux, nous apprenons à diriger notre attention vers la Joie inépuisable qui sommeille au fond de nous. Lorsque nous sommes trop souvent dans notre mental, nous nous empêchons d'expérimenter l'extase et le pur plaisir d'être vivants. Ils nous ramènent non seulement à notre Lumière, mais également à notre nature sauvage, instinctive, à notre liberté en totale symbiose avec la nature.

Les Dauphins, tout comme d'autres espèces (minérales, végétales, animales) et même d'autres humains (une tribu aborigène d'Australie par exemple) sont en train de quitter le plan terrestre, de faire le Passage, parfois même collectivement. Il est urgent pour nous de rencontrer ces maîtres avant leur départ et de communiquer télépathiquement par les sons, les images et les gestes.

Dans cette attitude d'accueil, de simplicité, d'humilité, ils nous transmettent leur sagesse et nous aident à ouvrir nos sens et nos coeurs afin d'accélérer notre guérison et celle de notre planète.

Pour commander une reproduction de l'illustration de la page couverture, écrivez à :

Manu Vision
C.P. 312
Saint-Jean-sur-Richelieu
(Québec) Canada J3B 6Z5

CE N'EST PAS CE QUE VOUS POSSÉDEZ
CE N'EST PAS CE QUE VOUS AVEZ RÉUSSI À OBTENIR
QUI PEUT VOUS FAIRE PROGRESSER...

CHERCHEZ CE QUI EST IMPOSSIBLE
CE QUI EST IRRÉALISABLE

IL N'Y A QUE CELA QUI PEUT VOUS INCITER
À ALLER TOUJOURS DE L'AVANT

OMRAAM MIKHAËL AÏVANHOV

LES PROFITS DE CE LIVRE SONT VERSÉS À L'ÉDIFICATION DU CENTRE SAMSARAH INTERNATIONAL, UN CENTRE DE RECHERCHES ET D'ENSEIGNEMENTS EN EXPLORATION DU PASSAGE DE LA MORT À LA VIE CONSCIENTE.

LE CORPS DU TEXTE EST EN GRECO SSI 11 POINTS.

ACHEVÉ D'IMPRIMER SUR LES PRESSES DE L'IMPRIMERIE GAGNÉ, À LOUISEVILLE, QUÉBEC, EN OCTOBRE 1996.